APRÈS LA RAFLE

Joseph WEISMANN

APRÈS LA RAFLE

*Avec la collaboration
de Caroline Andrieu*

*Tous droits de traduction, d'adaptation
et de reproduction réservés pour tous pays.*

© Éditions Michel Lafon, 2011
11-13, boulevard Paul-Émile Victor – Île de la Jatte
92521 Neuilly-sur-Seine cedex
www.michel-lafon.com

*À Jo Kogan, mon ami d'évasion
avec qui j'ai pu réussir l'impossible.*

– 1 –

AUTOMNE 1940

C'est l'heure. J'enfile ma veste, je dépose un baiser sur la joue de maman, un baiser rapide et sec comme un coup de bec, je prends mon envol. Je dévale l'escalier à tout berzingue. J'ai presque descendu deux étages quand j'entends le fracas dans mon dos.

– Joseph ! Tous les matins… La porte !

Mais la plainte de papa, je l'oublie aussitôt. Je traverse la cour étroite où le soleil n'entre jamais, je survole le carrelage de l'immeuble qui donne sur la rue, je pousse la lourde porte en bois. Me voilà dehors, le sourire aux lèvres ; mes cheveux légers comme des plumes flottent au vent, je fais des sauts de merle d'un bout de bitume à l'autre. Une averse matinale a rendu les pavés luisants et glissants, les commerces lèvent leur rideau de métal même s'ils n'ont rien à vendre, un vieillard en bleu crasseux pousse une carriole à bras vers le haut de la butte. Montmartre est mon jardin. À gauche toute, la rue Lepic qui sinue vers les hauteurs. Je serai arrivé à destination juste après le virage. Sur le chemin de l'école, je retrouve mon copain Guéchou.

– Eh, dis ! Faut que je te parle d'une affaire, un truc auquel j'ai pensé pour gagner un peu de sous !

Il me regarde avec des yeux ronds et un air pas bien vif. Même pas méfiant, encore moins inquiet. À peine curieux.

– Quelle affaire ? Et puis pourquoi tu veux gagner des sous ?

– Pour acheter des bonbons, pardi ! T'en manges souvent, toi, des bonbons ? Moi, ça fait une paye que j'ai pas senti le goût d'un berlingot sous ma langue !

– C'est sûr, par les temps qui courent… Et alors, comment tu comptes t'y prendre ?

On arrive à l'école. Rendez-vous à la récré pour mettre mon plan au point.

Mon cartable me pèse de plus en plus. En cet automne 1940, il ne contient pas plus de cahiers ni de livres que l'année passée : c'est mon dos qui supporte moins sa charge. J'ai neuf ans et demi et le physique d'un moineau. Ça fait déjà plus d'un an que je ne mange pas tous les jours à ma faim. Depuis quelques semaines, c'est encore pire avec les tickets de rationnement. Je fais partie de la catégorie des J2, les jeunes âgés de six à douze ans. Théoriquement, nous avons droit à deux cents grammes de pain par jour, un peu de sucre, ou de saccharine plutôt, une ou deux pommes de terre, un demi-steak par semaine. Je dis théoriquement car même quand on a le ticket dans la main, il n'est pas évident de l'échanger contre de la nourriture.

Les commerçants gardent leurs provisions pour eux ou pour le marché noir. Or chez nous, on n'a pas assez d'argent pour acheter au marché noir. Je crois d'ailleurs que même si on en avait, on ne le ferait pas. Question de principes. Chez nous, on respecte les règles, quelles qu'elles soient. On obéit aux lois du pays qui nous a accueillis, je pourrais même dire qu'on s'y soumet. Chez nous, on ne veut avoir honte de rien. On veut pouvoir marcher la tête droite. On ne fait pas les marioles. Sauf moi.

– Dis, Guéchou, écoute bien. On va gagner de l'argent. Je te dis pas le voler, hein, surtout pas : on va gagner de l'argent en montant un petit commerce. Qu'est-ce que t'en dis ?

Il fait la moue en enfonçant ses mains dans ses poches.

– J'en dis qu'on n'a pas grand-chose à vendre.

– Chez tes parents, il doit bien y avoir quelque chose ? Quelque chose de joli que les gens aiment bien, mais que tes parents ne veulent pas forcément garder ?

– Je vois pas, non.

– Mais si, Guéchou ! Tiens, j'ai une idée ! Tu dois bien avoir des cartes postales…

– Des cartes postales ? Euh, oui, j'en ai, mais il y a des trucs écrits derrière.

– Évidemment qu'il y a des trucs écrits dessus, mais on s'en fiche. Ce qui compte, c'est l'image ! Tu en as des belles, des cartes ? Tu as des paysages, des montagnes, des fleuves, des églises ?

– Euh, oui, sûrement, mais elles sont dans le

tiroir du buffet dans la cuisine, je sais pas trop si je peux les prendre.

— Ben tu demandes pas.

— Quoi, je demande pas ! Et si je me fais pincer ?

— Bon, ben tu demandes alors ! Tu sauras convaincre ta mère de te les donner ?

— Ça dépend ! C'est pour quoi faire ?

Il ne me voit pas venir, mon brave copain. Soudain, je me demande même pourquoi je l'ai choisi, lui, pour tenter le coup avec moi. Ma petite voix m'arrête vite. *Cherche pas, Jo, c'est ton meilleur pote, voilà tout.* Je lui explique :

— Écoute, Guéchou. Les cartes postales, tu vois, y a des tas de gens qui les collectionnent. Y en a, ça leur rappelle un coin où ils allaient en vacances, avant la guerre. Y en a qui les accrochent au mur de leur chambre, ils ont l'impression de voyager quand ils s'endorment le soir...

Le visage de mon ami s'illumine enfin.

— Y en a peut-être même qui font croire à leurs copains que c'est des amis très riches qui leur ont écrit !

— Ben voilà, Guéchou. T'as tout compris. Pour une raison ou pour une autre, tout le monde aime les cartes postales. Alors ce soir, tu rentres chez toi, tu récupères ce que tu as, je fais pareil de mon côté, et jeudi, on se lance !

Nous avons choisi le terre-plein central du boulevard de Clichy, entre les stations de métro Blanche et Anvers : place Clichy, c'était trop près de chez nous, le Sacré-Cœur, encore pire. Là, au moins, on ne risque pas de se faire repérer. Parce que, bien sûr, on sait qu'on fait un truc interdit, surtout Guéchou. Il se plaque le dos contre un arbre, comme s'il voulait disparaître dans son tronc.

— Non Jo, je peux pas. Tu commences, toi. Moi, je te jure, je peux pas.

— Guéchou, t'es rien qu'un dégonflé.

Je respire un grand coup et j'apostrophe donc les passants.

— Monsieur, vous voulez pas une carte postale ? Regardez celle-là, c'est Givors. C'est beau Givors ! Madame, une petite carte postale ? Non ? Bonne journée madame ! Monsieur, Givors, vous connaissez ?

La photo en noir et blanc représente une usine, au bord d'un fleuve, avec les employés en blouse blanche qui prennent la pose. Je m'attarde quelques minutes et je comprends qu'en effet cette carte ne peut pas susciter un vif intérêt. J'aurai peut-être plus de succès avec les sources thermales d'Évian.

— Monsieur, une carte postale pour décorer votre salon ? Évian, très joli, Évian !

Le promeneur me sourit poliment pendant qu'une paluche, que je devine aussi large que puissante, s'abat sur mon épaule.

— Qu'est-ce que tu fais, mon garçon ?

C'est un policier. Un policier accompagné d'un autre policier. Donc, au total, deux policiers. J'évalue les forces en présence. Deux policiers, ça fait deux hommes, soit autant que Guéchou et moi. Sauf que nous avons l'air de deux oiseaux à peine tombés du nid... et eux de deux rapaces. Ils portent une grande cape sombre par-dessus leur uniforme. On en cacherait douze comme moi là-dedans. Alors que le grand moustachu me tient par le col, j'imagine qu'il va me glisser prestement sous le tissu épais et que je vais disparaître à tout jamais. Guéchou, qui se tient en retrait, n'a même pas la présence d'esprit de filer en douce, comme si on ne se connaissait pas. Il s'approche de moi au contraire. Je bredouille :

– Euh, monsieur le policier... C'est juste des cartes postales de Givors... C'est joli, non ? Non ? Non... Bon, Évian alors ?

– Jeune homme, est-ce que vous avez une patente ?

– Une quoi ?

– Allez, on vous emmène au commissariat. Vos parents viendront vous chercher là-bas.

La tête de mon père quand il se retrouve face à moi... Il vient de régler mon sort avec les policiers pendant que Guéchou et moi attendions dans un bureau en nous rongeant les ongles. Il ne dit pas un mot. Je ne moufte pas non plus. J'ai remballé mon bagout vite fait sur le chemin qui nous menait, Guéchou et moi, du boulevard jusqu'au commissariat. Depuis, je n'ai pas prononcé une parole. Je suis papa dans un silence qui ne m'est pas coutumier, et le sien me signifie mieux que des mots la honte qu'il ressent. Il n'y a pas grand-chose à expliquer, et rien à dire pour me justifier. Moi, Joseph

Weismann, j'ai été embarqué par la maréchaussée pour délit sur la voie publique. Je le sais, pourtant, que dans cette famille, on ne fait pas les marioles.

Je le sais bien, mais je ne sais pas encore pourquoi.

La dernière fois que j'ai mangé des sucreries, j'avais fait du commerce, déjà. Sous la porte cochère de mon immeuble, à deux mètres de la marchande de fleurs italienne qui s'installait là les beaux jours, j'avais trouvé un élastique. Et je l'ai vendu, ou presque : l'homme à qui je l'ai proposé m'a donné cinquante centimes, mais il m'a laissé l'élastique. J'ai couru acheter des roudoudous, des rouleaux de réglisse avec un bonbon au milieu, un bonbon qui change de couleur quand on le suce. J'aurais bien aimé les partager avec mes sœurs, mais ma petite voix m'avait prévenu : *Jo, si tu ramènes ces trucs à la maison, les parents vont te demander comment tu les as eus. Ils vont penser que tu leur as chipé de l'argent, ou pire, que tu as mendié. Ça va faire toute une histoire...* J'ai écouté ma conscience, bonne ou mauvaise. Mais ces bonbons, je me sentais tellement minable de les manger en douce dans un coin du parc que je les ai trouvés amers.

J'habite au 54, rue des Abbesses, Paris XVIIIe arrondissement. C'est un quartier simple et populaire. Un quartier où vivent des gens de toutes origines. Je les côtoie tous les jours, dans la rue, à l'école, en bas de chez moi, au jardin public quand je joue avec mes copains. Depuis quelque temps, à l'entrée du square, il y a une affiche où il est écrit : « Interdit aux Juifs ». J'y vais quand même. Qu'est-ce qu'on en sait, que je suis juif ?

Ici, on ne reste pas enfermé chez soi, allongé sur de vastes canapés, protégé par de lourds rideaux de velours... Les appartements, tous modestes, ne s'y prêtent pas. Nous autres Montmartrois, nous sommes si différents les uns des autres que nous formons finalement un tout, une masse bigarrée faite de femmes et d'hommes laborieux. Dans leur sillage traînent des enfants maigrichons et joyeux, comme moi. Qu'importe qu'on soit noir, jaune ou blanc, et qu'importe sa religion, quand on en a une. Moi, en tout cas, je n'y pense pas, ni Guéchou, ni Bedèze, ni Raymond, ni Charret, ni aucun de mes amis.

Chaque matin, j'embrasse ma mère avant de partir les retrouver à l'école. Mes sœurs, Charlotte et Rachel, ont filé dans l'autre direction, vers la rue Houdon, et plus tôt que moi : elles ne prennent pas le risque, elles, d'arriver haletantes à la grille et de se faire pincer l'oreille par le directeur. J'embrasse ma mère parce qu'elle est ce que j'aime le plus au monde, je l'embrasse pour le seul plaisir de ma joue contre la sienne, sans y penser davantage, et je m'en vais vivre mes petites aventures.

L'école n'a pas été inventée pour me plaire. Je n'aime pas tellement rester assis. Les poésies, quand le maître les aboie, n'ont aucun charme à mes oreilles, aucune musique. Les mots, je m'en amuse beaucoup à l'oral et pas mal à l'écrit. J'ai la repartie facile et la rédaction imaginative. Je me débrouille correctement en maths, je me rends déjà compte que c'est utile. Quand papa découpe le lainage, avec son mètre ruban autour du cou et sa craie dans sa poche, je comprends qu'il a dû faire des calculs savants. Il a noté les mesures de son client, il les a reportées sur le tissu en prenant soin de provoquer le moins de chutes possible.

— Joseph, prends le *shmatteh*, mets-le dans le sac.

Le *shmatteh*, c'est le chiffon en yiddish. En temps de guerre, ça peut toujours servir.

Mon père renforce les cols de nos vêtements avec les *shmatteh*. Il ajoute des pièces sous nos coudes et sur nos genoux, il allonge mes culottes pourtant toujours courtes. Il me met en garde.

— Joseph, tu feras le métier que tu voudras, mais pas tailleur. C'est trop dur. C'est toujours la morte saison.

Quand il dit ces derniers mots, il prononce « mort'zaizon », et je n'ai pas encore fait le lien avec le temps des bonnes ou des mauvaises affaires. Depuis des années, je me demande de quoi il parle exactement. Je devine seulement que ce mot n'augure rien de bon. « Mort'zaizon », ça rime avec poison.

Papa ne possède pas de boutique avec un joli pas de porte et son nom écrit en lettres élégantes au-dessus de la devanture. Il n'est qu'une petite main. Ça me paraît injuste. Mon père, c'est un magicien. Avec un costume tellement usé qu'il en est presque transparent, il est capable d'en fabriquer un tout neuf : il retourne le tissu, il transforme une doublure, il renforce les coutures. Un véritable orfèvre. Il travaille dans notre appartement, au quatrième étage de l'immeuble, dans la plus vaste de nos deux pièces. Chez nous, on entre donc directement dans ce qui tient lieu d'atelier, de salon, de cuisine et de chambre pour mes sœurs et pour moi. Interdiction de marcher pieds nus : il y a des épingles sur le sol, coincées dans les interstices du parquet. Une fois par semaine, un aimant à la main, nous nous mettons à genoux pour les ramasser. Chaque soir, nous poussons la longue table de découpe pour déplier nos lits-cages. Papa range les deux fers qu'il garde toujours au feu, il rassemble les pattemouilles, les patrons en papier de soie, les craies, les ciseaux tellement grands que je n'arrive pas à les ouvrir. Le charbon brûle dans la salamandre, un plat qui mitonne sur le réchaud à gaz finit de chauffer notre palace. Un jour, au square d'Anvers, j'ai sympathisé avec des gars des beaux quartiers qui étaient venus s'encanailler à Pigalle. On a tous tracé le plan de notre appartement dans le sol sableux. L'un d'eux ne s'arrêtait pas.

– Là c'est l'entrée, la salle à manger, le salon juste à côté d'où l'on accède au fumoir ; ici le boudoir, la salle de bains de maman, celle de papa, une chambre, une autre chambre, le couloir qui tourne et qui amène vers une, deux, trois autres chambres…

Je les ai tous fait marrer quand mon tour est arrivé.

— Là le salon-chambre-cuisine-atelier, là la chambre de mes parents, et voilà !
— Et la salle de bains, t'en as pas ?
— Non, pas de salle de bains.

Je ne sais pas si c'était pour me consoler, mais le petit bourgeois m'a donné une tranche de pain d'épice. J'en mangeais pour la première fois. Succulent.

— Et les toilettes ? a fini par me demander le plus pragmatique de la bande.
— Sur le palier.

Je me maudis souvent d'avoir oublié de me soulager avant la nuit. Les waters se trouvent un demi-étage plus bas. Nous les partageons avec deux vieilles filles qui habitent ensemble dans un logement que je devine encore plus exigu que le nôtre, et un vieux garçon un peu bossu, toujours vêtu d'une blouse grise, la tête en permanence couverte d'un béret, qui vit avec sa mère dans l'appartement de gauche. Je n'ai pas peur de grand-chose, et peut-être même de rien, sauf de lui. C'est à cause de sa bosse et de tout ce qu'il cache sous son béret. J'imagine une difformité purulente, une excroissance mouvante et maléfique. Si je le croise dans les marches, je fais appel à ma petite voix, ma conseillère, ma plus fidèle amie. *Allez Jo, courage ! T'es pas bien gros, tu te faufileras entre ses jambes s'il essaie de te coincer !* Je suis descendu aux toilettes juste après lui un jour. J'étais déjà trop engagé dans l'escalier quand il refermait la porte un peu plus bas, je n'ai pas osé reculer. J'ai regardé dans la cuvette. J'y ai vu des centaines de petits points marron, plus petits que des lentilles. J'en étais estomaqué. *Ah ça, mon Jo ! C'est donc ça que ça chie, un bossu !* J'ai compris des années plus tard qu'il avait simplement vidé la sciure de bois qui servait de litière à son chat…

Papa ne fréquente pas beaucoup ses voisins. Il les salue poliment s'il les croise, il me donne une petite claque sur le crâne si je tarde trop à l'imiter. Il ne veut pas faire de vagues, surtout ne déranger personne. Ça va bientôt faire vingt ans qu'il est là, dans ce pays. Il a appris sa langue, il sait la parler et il sait l'écrire. Il s'est marié ici, il a eu trois enfants ici, et il s'est fait des tas d'amis. Son prénom s'écrit Schmoul, il se dit Schmil, et eux l'ont surnommé Mimile, comme n'importe quel Français bien d'ici. Pourtant, il se comporte encore comme un invité. Il se sent redevable de quelque chose, d'une dette qu'il veut tenter de rembourser à tout prix. L'année dernière, aussitôt la guerre déclarée, il s'est engagé dans l'armée. Il avait presque quarante ans, une famille nombreuse, rien ne l'y obligeait. Je ne comprenais pas.

— Pourquoi tu veux aller faire la guerre, papa ?
— Je veux aider mon pays.
— Tu vas devenir soldat alors ?
— Pas vraiment. Je ne peux pas devenir soldat français parce que je ne suis pas vraiment français.

La loi de ce pays dit que je reste polonais parce que je suis né à Lublin.

— C'est où Lublin ?

— Maintenant, c'est en Pologne, mais avant 1918, c'était en Russie.

— Comment une ville peut-elle changer de pays ? Paris, c'est en France ! Paris, ça ne peut pas bouger !

— Paris ne bougera pas, mais l'Allemagne veut étendre ses frontières sur une grande partie de l'Europe, dont la France, et c'est pour éviter ça que je veux me battre.

L'armée française, la vraie, celle qui hisse haut le drapeau tricolore, n'a donc pas voulu de lui. Il a été engagé dans le deuxième régiment étranger. Le début de l'hiver 1939-1940, il l'a passé dans le nord de la France avant de se replier vers la zone libre avec son régiment. Il nous a raconté peu de choses, juste ça :

— On a été mitraillés à Angoulême et à Poitiers, mais sans dégâts.

Je me suis dit que si les Allemands n'apprenaient pas à viser un peu plus juste, on devrait s'en sortir. Ensuite mon père s'est retrouvé en Dordogne, à Bergerac. On avait besoin de main-d'œuvre pour remplacer les gars partis au front. Papa, avec ses doigts de fée, dans une ferme... Il se trouve qu'un tailleur comme lui pouvait quand même se révéler utile à la campagne : pendant quelques semaines, il a rénové les costumes vieillissants des hommes et donné une nouvelle jeunesse aux robes des femmes.

Nous sommes partis sur les routes, maman, mes sœurs et moi. Comme des milliers de gens, nous avons marché jusqu'à nous arrêter dans un village du Maine-et-Loire. Deux ans plus tôt, Charlotte, Rachel et moi avions passé quelques semaines de vacances chez des paysans installés tout près de là. Pour nous aider à nous mettre à l'abri en attendant des jours meilleurs, ces gens simples et bons nous ont trouvé une petite maison pas très loin de chez eux. Nous y avons vécu sans faire de bruit pendant tout l'hiver. Nous travaillions dans les usines du coin pendant la journée, sauf Rachel bien sûr : elle n'avait que cinq ans. Le soir, j'allais chercher du petit bois dans la forêt en bordure de champ. Des arbres, je n'en avais jamais vu autant, si nombreux, si serrés, une armée silencieuse, impossible à impressionner. Des corbeaux faisaient des taches sombres sur les prés couverts de neige. Ces couleurs sans nuances et l'horizon lointain me donnaient le tournis. Tous les gris de Paris et ses immeubles dressés me manquaient. Je n'étais pas malheureux pour autant. Maman chantait toujours les mêmes airs le soir, en yiddish, une langue que je comprenais mal mais qui me berçait d'autant mieux. Je pouvais m'inventer les histoires que je voulais.

AUTOMNE 1940

En juin 1940, nous avons appris l'arrêt des combats et nous avons vu arriver papa.

– J'ai été démobilisé. On rentre à la maison.

Je n'arrivais pas à deviner s'il était content ou malheureux. Si la guerre était finie, et dans la mesure où papa était revenu entier, on devait se réjouir, non ? Nos amis nous ont regardés partir en nous faisant mille promesses.

– Vous n'êtes pas seuls, vous pouvez compter sur nous. Allons, nous ne vous oublierons pas.

Enfin tous réunis, maman, papa, mes sœurs et moi, nous avons pris le train avec les milliers d'autres Parisiens qui revenaient vers leur foyer, partagés entre la déception de la défaite et le soulagement du retour à la paix. La micheline était bourrée de monde ; papa a fait tout le voyage assis sur le marchepied extérieur. Je tremblais de tout mon corps. S'il tombait, s'il était blessé, ou tué... À la gare Montparnasse, nous avons entassé toutes nos affaires sur une carriole et nous avons marché, marché, marché jusqu'à la Butte, tout au nord de Paris. Nos pieds saignaient quand nous avons franchi le seuil de notre appartement, la nuit était tombée sur la ville et sur nous. En ces quelques mois de guerre où nous n'avions pas été là, rien n'avait vraiment changé dans le quartier. C'était le printemps, un printemps un peu plus terne que les précédents, un printemps quand même. Les vendeurs des quatre-saisons n'avaient plus rien à proposer sur leurs étals, les outils du marchand de couleurs semblaient n'intéresser personne désormais, l'étameur était désœuvré. Puisqu'il n'y avait plus rien à faire cuire dans les casseroles, pourquoi les faire réparer ?

Papa avait laissé de bons souvenirs dans la ferme de Bergerac. Ses nouveaux amis l'ont encouragé à venir se mettre à l'abri chez eux avec femme et enfants. « Il y a bien assez de place, ont-ils assuré, et vous aurez ainsi davantage à manger qu'en restant à Paris. » Sans doute par excès de discrétion, mon père a refusé. Les Périgourdins ne nous ont pas oubliés pour autant : pendant cet été, et en octobre encore, des poulets fessus et dodus nous sont régulièrement arrivés par la Poste. Mais maintenant que nous sommes à la fin de l'année 1940, l'hiver commence, il fait de plus en plus froid, on a de plus en plus faim, et les volailles sont remplacées par des betteraves avant de parvenir jusqu'à nous. Cette injustice me révolte.

– Alors quoi, papa, tu vas rien leur dire aux facteurs ? Ils ont le droit de nous voler nos poulets ?

– Non Joseph. Je vais simplement écrire à nos amis que nous les remercions sincèrement pour leurs colis, mais que ce n'est plus la peine de nous en envoyer.

Papa ne proteste pas, jamais, contre rien ni personne. Il ne débat pas, il n'aime pas la politique.

Mais il lit le journal tous les jours. Il m'envoie l'acheter, au café-tabac-presse à côté de chez nous.

— Prends-moi le *Parizer Zeitung,* Joseph. Si je lis un journal allemand, j'en saurai toujours plus qu'avec la presse française...

Il en apprend sans doute, des nouvelles, mais il n'y trouve aucun plaisir. Les Allemands progressent et mon père part le dimanche, l'humeur de plus en plus maussade, retrouver ses amis rue Cauchois, dans un café où ils jouent à la belote. Je ne l'interroge pas beaucoup pour ne pas l'affliger davantage, mais je le suis au bistrot : j'espère en apprendre plus en l'écoutant discuter avec ses copains. En vain le plus souvent. Papa fume sa Gauloise en silence, il abat ses atouts avec application, mais il se lasse vite du débat enflammé qui se tient autour de la table.

— Viens Joseph, on rentre à la maison !
— Allez Mimile, te fâche pas ! La guerre, les Allemands, le maréchal, c'est la vie tout ça !
— Tout ça, c'est de la politique, et ça n'est pas bon pour notre vie.

Dans la rue, papa me sourit, alors pour une fois, j'ose :

— Papa, qu'est-ce que c'est, la politique ?
— Ce sont des idées que les gens agitent dans tous les sens et qui leur font faire de vilaines choses.
— Quelles vilaines choses ?

Papa reste silencieux, et moi je reste seul avec mes questions. Mon père pense au pays qui l'a vu naître et qui a été écrasé en un mois à peine par les forces hitlériennes. Il sait que les bolcheviques et les Allemands se sont partagé les terres, les villes, les églises et les synagogues, si celles-ci n'ont pas encore été rasées. Papa pense à son frère, membre de je ne sais quel mouvement, en Pologne. Il pense à ce qu'on lui rapporte, la voix basse, à la fois incrédule mais sûr de ses informations, à ce qu'on affirme au creux de l'oreille, comme on colporte une rumeur. Des horreurs incroyables au sens propre du terme. Comment croire que l'on brûle des villages ? Que l'on coupe les papillotes des hommes religieux pour le seul plaisir de les humilier, que l'on oblige leur femme à se déshabiller en public, qu'on viole jusqu'aux adolescentes et aux vieilles en toute impunité ? Il pense aux jeunes enfants. Quelqu'un lui a dit qu'on les jette encore vivants au fond des puits. Il pense que les humains se transforment en bêtes, quelquefois, et encore : même les bêtes entre elles ne se comportent pas de cette façon.

Je regarde le beau visage de mon père, j'ignore tout des vilaines choses qui le rendent si sombre. Une bille de verre vaut cinq billes en terre. C'est tout ce que je sais, c'est tout ce qui compte pour moi, et je pressens que je serai heureux tant que je pourrai m'en contenter.

− 2 −

L'ÉTOILE

Quand l'une de mes chemises est trop usée au coude, papa la rapièce d'un bel ovale, une demi-teinte plus foncée, qui vient se placer juste sous l'os lorsque je plie le bras. Si c'est un accroc qu'il faut reprendre, maman s'empare d'une aiguille et le fait quasiment disparaître à force de petits points discrets et réguliers. Cet après-midi de mai, elle s'affaire sur les robes de mes sœurs et sur mes pulls. Elle coud une étoile jaune sur le cœur.

Elle connaît son métier. Elle pique à moins d'un millimètre à l'intérieur du motif et ressort son aiguille juste à la bordure. Quand elle a fini, on pourrait presque croire que le dessin a été fait sur le tissu même du vêtement avant qu'il soit assemblé. Elle s'applique en marmonnant entre ses lèvres.

Sara Gitla Weismann, née Erlichsztajn en 1902 à Bichawa, Pologne, adresse une prière à Dieu pour chaque pas qu'elle fait. Elle jette une pomme de terre dans le bouillon et murmure une prière. Elle se remémore un souvenir heureux et dit une prière. Elle écoute mes bêtises et clôt ses rires d'une prière.

Ce ne sont que quelques mots le plus souvent, lancés de manière spontanée, à peine articulés, qu'importe : ils ont été prononcés et Dieu les a entendus. Ils s'accompagnent d'un geste vif : sa main saisit l'étoile de David, au bout de sa chaîne, monte prestement jusqu'à ses lèvres et la replace après un court baiser.

— *Lechana haba'a birouchalayim.*

Ou, plus rarement, la même chose en français :

— L'année prochaine à Jérusalem.

Pour le moment, maman garde la tête baissée sur son ouvrage. Depuis une heure, je n'arrive pas à croiser son regard, elle coud avec rage. On ne dira pas d'un membre de la famille Weismann qu'il a désobéi. Pas même qu'il a mal obéi.

Depuis quelques semaines, papa occupe une chambre de bonne au sixième. Il y a monté ses outils, sa machine, ses patrons, il a délocalisé son atelier, en quelque sorte. C'est plus commode pour la vie de tous les jours, pour prendre nos repas surtout, mais cela comporte un inconvénient de taille : nous voyons papa beaucoup moins souvent. Charlotte est la première à le regretter. Elle aime beaucoup discuter avec lui. Elle a douze ans, c'est l'aînée, la plus sérieuse, peut-être la plus fière aussi. Elle veut faire des études, tout savoir et tout comprendre, elle n'affiche aucune prétention mais je suis sûr qu'elle espère bien devenir quelqu'un pour nous sortir de la misère. À l'école, elle est la première dans chaque matière, elle est la fierté de nos parents et je ne lui fais aucune concurrence. Moi, je ne conjugue rien au futur, jamais, et il me semble bien que chaque jour me donne raison. Si je pense à demain, je risque de trouver un motif d'inquiétude. Les visages fermés de mes parents et de Charlotte me mettent en garde : ils se font du souci. Moi, ma religion est faite : on verra bien quand on y sera.

Demain est vite arrivé. Ce matin de juin 1942, il fait un temps prometteur mais encore frais, je porte une veste sur ma chemise et c'est déjà l'heure de partir pour l'école. Cette fois, je ne me précipite pas. Aujourd'hui, je préférerais même ne pas sortir du tout. Je voudrais ne plus mettre les pieds dehors jusqu'à ce que ma mère se penche sur mes habits pour en découdre, aussi minutieusement qu'elle l'a cousue, cette foutue étoile. Pour une fois, je n'ai pas enfilé mon cartable sur mon dos. Je le tiens serré contre moi, serré contre mon cœur, pardessus. C'est la première fois que je le porte avec fierté. Les autres élèves de l'école de garçons ont des sacs de cuir. Ils ne sont pas fils de tailleur, eux. Mon père m'en a fabriqué un lui-même, avant ma rentrée en neuvième, je m'en souviens. Il en a passé, des soirées, à assembler les rectangles de velours côtelé... Il me disait :

– Personne n'en aura un comme toi, mon fils, et personne n'en aura un si beau !

Moi, je rêvais justement d'en avoir un des plus banals. Je ne lui ai rien dit pour ne pas lui faire de peine. Tout à coup je réalise que j'ai bien fait, que j'étais ridicule : à l'époque, je ne voulais pas me distinguer avec un cartable. Aujourd'hui, j'ai une étoile jaune sur la poitrine, un signe nettement plus clair pour indiquer ce que je suis. Et je suis quoi ? Juif. Faut croire que c'est quelque chose de honteux.

La porte cochère est assez grande pour m'abriter en cas d'averse. Elle est même assez large pour que je puisse m'y tenir sans empêcher les gens d'entrer ou de sortir. Je pourrais rester là jusqu'à ce soir, en faisant semblant d'attendre quelqu'un par exemple... J'envisage de demeurer caché tout en sachant que ça ne marchera pas. À un moment ou à un autre, papa franchira le seuil pour livrer une commande, pour aller chercher du fil chez le marchand de couleurs qui fait aussi office de mercerie au coin de la rue Burq, pour tenter sa chance dans la file d'attente à la boulangerie, ou pour toute autre raison. Il me verra, il froncera les sourcils, il croira que j'ai fait l'école buissonnière. Il ne dira rien sur le coup, mais il aura l'air tellement affligé d'avoir un vaurien pour fils que ce sera pour moi la pire des punitions. Ou alors c'est maman qui me découvrira au moment d'aller récupérer les filles à leur école. Elle commencera à se lamenter, en pleine rue, avec son accent à couper au couteau qui me fait honte, peut-être même en yiddish, et tout le monde nous remarquera. Les gens en passant se diront, bien sûr : « Pas étonnant qu'ils fassent du scandale : ce sont des Juifs. »

L'ÉTOILE

Moi, avant la guerre, je croyais que nous étions tous juifs. Je ne savais pas que j'étais à part et, franchement, je ne comprends pas comment j'aurais pu le deviner. Ce matin encore, en dehors de l'étoile sur mon cœur, je ne vois pas ce qui me distingue de Guéchou ni des autres.

Je ne pourrai pas passer la journée ici. Il va bien falloir que je me décide. Je cherche du regard une décoration semblable à la mienne pour me glisser dans son sillage, me faire oublier derrière elle. Et quand j'en trouve une, je n'en crois pas mes yeux : c'est Raymond qui arrive, le gros Raymond, avec ses bonnes joues et ses bras qui font deux fois mes cuisses. Il fait peur à tout le monde, celui-là, et même à moi, mais je prends le risque : je l'arrête au passage.

— Eh, Raymond !

Je descends tout doucement mon cartable sur mon ventre, il n'a pas l'air étonné.

— Raymond, je savais pas que t'étais juif. Tu savais que je l'étais, moi ?

— Qu'est-ce qu'on en a à faire ? Y a pas de honte à avoir, et puis y en a d'autres, tu sais ! Allez, viens, on va être en retard.

C'est vrai qu'on n'est pas les seuls. J'occupe une partie de la matinée à regarder les plastrons de mes camarades, et puis je passe à autre chose. Les copains en font autant avec moi. Entre nous, être juif n'a pas de sens, et ne pas l'être non plus. Le maître fait comme si de rien n'était lui aussi.

J'aimerais bien qu'il nous fasse un cours sur la question, pourtant. Qu'il nous explique ce que c'est, être juif. Il y a quelques mois, il m'avait pris à part pour me raconter qu'il avait vu une exposition sur les bolcheviques. La propagande avait commencé son œuvre : les Juifs étaient associés à toutes les populations de l'Est dans ce qu'elles avaient de moins séduisant.

— Tu sais, Joseph, on voit comment ces gens vivent : ils se terrent dans de pauvres habitations, ils sont tous miséreux, sales, ils grognent plus qu'ils ne s'expriment.

— Pourquoi vous me parlez de ça, monsieur ? Je ne suis pas bolchevique, moi ! Je suis français, français de Paris. Et mon père, il vient de Pologne.

— Je sais. Mais tu devrais recommander à ton père d'aller voir cette exposition. Je suis sûr que ça l'intéresserait.

Mon maître voulait sans doute seulement nous mettre en garde, mais je ne n'avais pas compris et je m'étais abstenu de transmettre la commission.

Un autre jour, au café de la rue Cauchois, j'avais entendu les amis de papa commenter une affiche placardée dans tout Paris, et que j'avais repérée moi aussi. On pouvait y voir un vieil homme avec un nez crochu, de longs cheveux sales et une bouche édentée. Il se penchait sur un globe terrestre et semblait vouloir le tenir tout entier entre ses doigts griffus. Le titre était : « Le Juif et la France ». Je ne m'étais pas reconnu dans cette caricature. Je ne reconnaissais pas non plus mon père, qui n'avait pas un cheveu sur le caillou, ni les vieillards que je croisais à la synagogue le samedi. Même si leur figure était maigre parfois, et leurs doigts longs, sans doute, ils ne ressemblaient en rien à cette face hideuse, leur visage ne trahissait pas la même gourmandise haineuse. Les copains de mon père plaisantaient.

— Ah ça, Mimile, ils auraient mieux fait de te choisir comme modèle pour leur affiche !

Mais papa ne riait pas.

— Allez, Mimile... C'est de la propagande tout ça. Ne va pas croire que les Français sont assez sots pour gober tous leurs mensonges. Nous autres ici, on sait bien que les Juifs ne sont pas plus mauvais que les autres.

Assis en retrait, à les regarder battre les cartes et réconforter papa, j'avais déjà senti naître en moi cette même culpabilité qui m'étreignait ce matin devant ma porte. Il se pourrait bien que je sois le Juif plus mauvais que les autres, justement.

J'ai honte de n'être juif qu'une fois par semaine, et encore, par obligation. Chaque samedi, on se lave mieux que les autres jours, on s'habille plus proprement encore que les autres jours, on crache sur nos souliers pour les astiquer, et on file à la synagogue... Avant de partir, on a débarrassé la table des morceaux de tissu et du matériel de couture. On a mis la plus belle nappe, blanche, brodée, amidonnée. On a dressé six couverts avec nos plus belles assiettes en prévision du déjeuner : six, parce que nous serons cinq plus le pauvre. Le *schnorer*, on l'appelle. Je le hais de tout mon ventre. À lui les meilleurs morceaux : si l'on mange une soupe à la poule, nous avons le bouillon et lui la viande. Voilà pourquoi je le hais. Parce que nous crevons de faim, nous aussi, parce que nous sommes pauvres, nous aussi, et parce que nous donnons quand même tout ce que nous possédons. Ce tout qui est si peu, et qui revient à ce *schnorer* sale et puant. Si c'est ça, être juif, pardon ma chère maman, mais ça ne me dit rien.

Assis en classe, dans mes vêtements usés mais propres, et même avec mon étoile jaune cousue sur la poitrine, je vois bien que je ressemble aux autres enfants de Montmartre, à ceux que j'aime comme à ceux que je n'aime pas. Ils ont certainement, dans un coin de leur tête eux aussi, un sentiment honteux. Dans quelques jours, je vais fêter mes onze ans et commencer à préparer ma bar-mitsvah, pour faire plaisir à maman, pour concourir à lui garantir une place au côté de Dieu. Mais j'ai bien peur de ne pas être digne de cette femme si douce, si bonne, qui prie pour un oui pour un non, et qui doit encore prier, à l'heure qu'il est, penchée sur un ourlet ou une boutonnière, afin que ses enfants grandissent en paix malgré tout.

Paris bruit de menaces. Je les ressens plus que je ne les entends. Moins que des mots, ce sont des signes. C'est le regard bienveillant d'un commerçant, un clin d'œil complice qui me rappelle que je suis innocent, autant que lui. C'est la pancarte à l'entrée du square… *Juden verboten*. Ainsi donc, Paris est désormais en guerre avec lui-même. Jusque dans mon quartier, jusque sur la Butte et dans les quelques rues qui entourent le Sacré-Cœur, deux camps sont prêts à s'affronter : ceux qui n'en veulent pas aux Juifs, et ceux qui voudraient les interdire. Moi, je n'ai pas le choix d'appartenir à un clan ou à un autre. Je viens juste d'avoir onze ans. Ça fait onze ans que je suis juif. Mes parents ont commencé à être juifs avant moi. Et avant eux, leurs propres parents que je n'ai pas connus. Je pourrais même remonter loin encore dans le temps, aller chercher jusqu'au fin fond de la Pologne qui fut la Russie autrefois, la patrie de ces bolcheviques moyenâgeux que m'a décrits mon maître d'école : c'est de là que je viens, et comme eux, aucun doute et rien à faire, je suis juif. J'ignore toujours ce que cela veut dire. Je pressens seulement que beaucoup de gens croient savoir mais qu'ils se font de fausses idées sur la question...

Papa et maman ont décousu méticuleusement les étoiles jaunes de nos pulls pour les réappliquer avec autant de soin sur nos chemises d'été. Chacune d'elles nous a coûté un point textile, il n'est pas question de les gaspiller... C'est les vacances, il fait chaud, je traîne dans le quartier avec mon copain Guéchou, solidaire de mon infortune. Nous sommes mis au ban de la petite société des bacs à sable. On s'en fiche. On s'en remettra.

Qu'on croit.

– 3 –

16 JUILLET 1942

– Mais qu'est-ce que tu fais dehors toi ? C'est pas bon pour les Juifs de se montrer, aujourd'hui ! Tu ne sais donc pas ? Allez, rentre vite chez tes parents !

Papa est sorti depuis deux heures. Il est allé prendre le métro, rue Lamarck, pour livrer un costume dans le XVIe arrondissement. Est-ce que je dois m'inquiéter pour lui ? Si cet homme, juste en bas de chez moi, m'a recommandé de ne pas me balader sous le nez des Boches en ce jour particulièrement, c'est que les étoiles jaunes sont en danger. Et papa en arbore une, évidemment. Il ne lui viendrait jamais à l'idée de ne pas l'afficher... Puisque c'est la règle désormais.

Je suis à peine rentré à la maison qu'il nous rejoint, les bras toujours chargés. Maman l'interroge, en yiddish, visiblement très inquiète.

– J'irai faire ma livraison demain, ça ne fait rien. Un type, dans le métro, m'a conseillé de ne pas traîner dehors. Un ouvrier, pas un Juif. Il est venu vers moi, au bout du quai, il avait un drôle d'air. Comme s'il avait peur qu'on le voie me parler.

— À moi aussi, papa, un monsieur m'a dit de rentrer.

Charlotte lève les yeux de son livre. Rachel forme un carré avec des osselets et quelques cailloux qu'elle a dû ramasser au square. Nous nous regardons tous en silence. La fenêtre est ouverte sur la cour où n'entre aucun bruit de la rue. À peine entendons-nous une voisine qui fait sa vaisselle, la musique des cuillères qui s'entrechoquent dans l'évier, des assiettes qui s'amoncellent dans l'égouttoir. Dans l'immeuble à côté, un bébé pleure un moment, puis s'arrête. Il a dû s'endormir. Maman reprend son aiguille, Charlotte retourne à sa lecture en boudant, la petite s'empare du rouleau d'une bobine de fil complètement dévidée. Elle glisse une ficelle à l'intérieur, se l'attache au poignet, commence à promener dans la pièce un chien imaginaire.

— Joseph, mon grand, tu as pensé à mon tabac aujourd'hui ?

Je sors de ma poche quatre mégots que j'ai glanés sur le trottoir. Deux brunes et deux blondes, belle moisson. Depuis le rationnement, mon père subit un sevrage forcé qui le fait d'autant plus souffrir les jours d'anxiété. Lui qui fumait Gauloise sur Gauloise, il est maintenant obligé de reconstituer des cigarettes à partir des clopes que nous trouvons dans la rue. La pêche est meilleure dans les bons quartiers. Dès que l'occasion se présente, je marche à quelques mètres des Allemands, ils expirent

16 JUILLET 1942

bruyamment leur fumée, ils envoient valdinguer leur mégot d'une chiquenaude, je me précipite dessus. Mais eux ne consomment que des blondes, du tabac bien aryen, comme dit la blague, et ce n'est pas le préféré de papa. Il ne fait pas le difficile pour autant.

— Merci fils.

Il ouvre une petite boîte de métal qui recèle ses provisions, y glisse les trouvailles du jour et prend de quoi s'en rouler une. L'atmosphère est tendue dans notre appartement, je tourne en rond autour de la table, je voudrais pouvoir redescendre dans la rue.

— Papa, je peux sortir ? Dis, s'il te plaît ?

— Je ne veux pas te punir Joseph, mais je pense que c'est mieux que tu restes ici aujourd'hui. On ne sait jamais.

Maman intervient.

— Allons, ce n'est qu'un gosse. Qu'est-ce que tu veux qu'il lui arrive ?

— Papa, s'il te plaît ! Je traînerai pas dehors, j'irai chez Charret !

Mon copain habite rue Constance où son père est cordonnier. Il a une petite boutique toute vieillotte avec une botte en bois rouge accrochée à l'extérieur. On la voit de loin. C'est l'un des rares commerces qui ne connaisse pas vraiment de baisse d'activité due à la guerre : comme il est impossible de s'acheter de nouvelles chaussures, on fait réparer les vieilles...

— Écoute, Joseph, je suis désolé, mais c'est non.

Il me sourit tendrement. Il n'y a donc rien à faire,

rien à dire : il ne changera pas d'avis... La journée va être longue. Papa, lui, semble résigné. Il répand quelques brins de tabac sur une feuille de journal en prenant tout le temps nécessaire. Il a les mêmes gestes précis pour fabriquer sa cigarette que pour découper les pièces d'un veston dans un rouleau de lainage. Il a raison, rien ne presse plus aujourd'hui. Nous ne sommes plus les bienvenus dans les cafés, dans les jardins publics, à peine sommes-nous acceptés dans la rue, et à certaines heures seulement dans les files d'attente des commerces. Ce jeudi 16 juillet 1942 marque juste une nouvelle étape dans notre mise à l'écart de la société. Nous sommes consignés chez nous par une menace sourde, encouragés à nous terrer par des inconnus que je déteste pour leur bienveillance. Je verse un peu d'eau sur le pot que j'ai posé sur le rebord de la fenêtre : il contient une graine de haricot qu'on m'a donnée à l'école, en cours de sciences naturelles, et qui a commencé à germer. Je trouve qu'elle ne pousse pas bien vite, ma plante. Elle a l'air de s'ennuyer autant que nous. Je me laisse tomber sur une chaise en soupirant. Papa embrasse maman sur le front et sort. Nous entendons ses pas dans l'escalier, jusqu'au sixième, puis la porte de son petit atelier qui se referme. Le bébé pleure à nouveau, mais est-ce bien le même ? Charlotte tourne les pages de son livre, Rachel a emmêlé la laisse de son chien dans les pieds de la table. Je crois bien que je hais les Boches autant que le *schnorer*.

16 JUILLET 1942

Il est à peine midi quand on frappe à la porte. Nous avons mis la table, maman s'est activée pendant quelques minutes au-dessus d'une casserole. Tous nos regards convergent vers elle et l'interrogent en silence. Ça ne doit pas être papa : il serait entré directement. Deux nouveaux coups retentissent. Charlotte va ouvrir et recule aussitôt : un agent en uniforme et un homme en civil pénètrent rapidement dans la pièce et se ruent vers la fenêtre pour la fermer.

— Madame Weismann ?

— Oui, c'est moi ! Pourquoi fermez-vous la fenêtre, il fait chaud !

— Plusieurs femmes se sont jetées dans le vide depuis ce matin. On n'a pas envie que ça recommence.

Ils sont habillés tout en noir, et même aujourd'hui, alors qu'il fait un temps lourd, orageux, le policier a gardé sa cape sur son dos.

— Préparez vos affaires. Quelques vêtements et de quoi manger pour deux jours. On vous arrête.

— Vous m'arrêtez ?

— Les enfants aussi.

L'autre, celui qui n'avait pas encore parlé jusque-là, interroge à son tour.

— Et le mari ? Il est où le mari ?

Maman hésite, ou alors elle n'a pas bien compris, je ne sais pas. Elle tient Rachel contre ses jambes, elle ânonne quelques mots en yiddish, si bas que personne parmi nous ne peut les entendre. Le flic aboie tout à coup.

— Il est où ?

Le regard incrédule de ma mère se tourne lentement vers moi.

— Joseph, va chercher papa.

Je glisse vers la porte sous le regard des deux types de plus en plus impatients.

— Allez, préparez vos affaires, dépêchez-vous donc !

Quand nous redescendons au quatrième, papa et moi, nos misérables valises en carton bouilli sont déjà faites. Nous en avons plusieurs, mais elles sont toutes petites. Elles semblent sur le point de craquer. On dirait bien que rien qu'en les soulevant par la poignée, le fond va céder et leur contenu se déverser sur le plancher. Quelques vêtements et de quoi vivre pendant deux jours, voilà ce qu'ils ont dit... De quoi vivre ? Je ne suis même pas sûr qu'une soupe était prête pour le soir. Qu'est-ce qu'ils croient, ces abrutis ? Que mes parents cachent des conserves de haricots verts sous leur matelas ? Que des escalopes de dinde trempent gentiment dans leur panure en attendant d'être cuites à la poêle ? Qu'on a des confitures plein les placards ? Et quels placards, d'abord, on n'en a même pas, des placards ! *Allons, Jo, t'énerve pas. Et puis ne pense donc pas à la nourriture, ça te met encore plus sur les nerfs...* Papa a l'air si calme... Il caresse l'épaule de maman en passant, il réconforte Charlotte d'un signe de

16 JUILLET 1942

tête qui dit *ne t'inquiète pas mon petit, je suis là, ne t'en fais pas, je contrôle la situation.*

Mon pauvre papa ne contrôle rien du tout. Il lève la tête, il bombe le torse, lui qui n'est pas bien grand, il se redresse autant qu'il peut pour montrer à tous qu'il n'a pas peur. Qu'il restera digne, quoi qu'il arrive, puisqu'il est honnête homme et qu'il n'a rien à se reprocher.

— Messieurs, où allons-nous ?

— Vous verrez bien quand on y sera. Suivez-nous.

— J'ai fait la guerre pour la France, monsieur ! J'ai tout de même bien le droit de savoir où on nous emmène !

— Un autobus nous attend en bas et après, on ne sait pas. C'est les ordres, voilà tout.

À l'école, quand un camarade refuse de faire quelque chose d'un peu courageux, on le traite de dégonflé. Je sens bien que ce policier appartient à la catégorie au-dessus, la pire, celle des lâches. Il voudrait nous faire croire qu'il ne fait qu'obéir. Et il nous prend pour des imbéciles en plus. Qu'il obéisse, c'est certain, mais pas sans savoir où nous dormirons ce soir. Lui, je l'imagine déjà : bien au chaud dans son lit. Nous empoignons nos valises en carton et fermons la porte derrière nous. Aussitôt, le type met un cachet de cire sur le chambranle, un autre sur le plat du bois, et il tend un ruban entre les deux. Je ne sais pas ce que c'est, je ne comprends pas, sauf qu'il faudra tout arracher pour pouvoir rentrer chez nous après ça.

Notre procession commence dans les escaliers. Une procession silencieuse, seulement rythmée par le son de nos pauvres galoches sur les marches de bois. Nos gardes doivent avoir de meilleures semelles que les nôtres : leurs chaussures frappent des coups plus secs, plus francs, plus mats. Nous ne croisons personne. Il faut croire que nous sommes les seuls Juifs au 54, rue des Abbesses, ou bien les seuls que l'on arrête. La loge de la gardienne est fermée. Madame Auger, nous la connaissons à peine. C'est une personne discrète qui passe consciencieusement le balai dans les couloirs et dans la cour, et veille à qui entre dans l'immeuble la nuit. C'est écrit sur sa porte : « Après 22 heures, prière de donner son nom en passant. » Avec le couvre-feu, il y a belle lurette que plus personne ne sort la nuit, de toute façon.

Me voilà donc dehors, mais pas comme je l'espérais. On se croirait dans mes bandes dessinées. Rendez-vous, vous êtes cerné. Sauf que c'est déjà beaucoup moins drôle. Les visages de mes parents... Fermés, abattus, désespérés. Papa est grave, maman pleure en silence. Dans le regard de Charlotte, en revanche, je lis de la colère. Elle fulmine de se voir emmenée. Elle enrage contre l'offense faite à sa famille. Elle retient son souffle, le menton légèrement en avant, la mâchoire contractée, comme si elle était prête à mordre. Il me semble que je la regarde pour la première fois. Ma grande sœur ne serait donc pas seulement une grande fille barbante, toujours trop sage pour désobéir, et même pour en avoir l'idée ? Et moi ? Et

16 JUILLET 1942

moi qui fanfaronne en permanence, moi, le freluquet de onze ans – je ne dois pas faire mes trente kilos –, moi qui suis capable de courir sur des centaines de mètres derrière le camion d'un laitier, et sans me laisser distancer encore... J'aurais mieux fait de garder mes forces : aucun fromage n'est jamais tombé, et me voilà prisonnier, comme les autres.

Nous remontons la rue en direction de la place des Abbesses, indifférents aux passants qui ne nous regardent pas non plus. J'essaie, moi, de me voir avec leurs yeux. Quel spectacle est-ce que nous offrons aux épiciers, aux marchands de tabac, aux livreurs, aux concierges que nous côtoyons chaque jour depuis des années ? L'image d'une famille de malheureux, les épaules basses, des larmes plein les yeux. Encadrés par deux bons Français mandatés par Vichy, l'un devant, l'autre derrière, deux honnêtes bonshommes qui ne doutent pas un instant de l'utilité de leur mission, nous sommes cinq misérables qui emportent, dans quelques minables valises en carton, le peu, le si peu, qu'ils aient jamais possédé.

Arrivés à l'angle de la rue Durantin, nous nous arrêtons un instant. L'idée me vient tout à coup que je pourrais filer en un éclair, courir jusque là-haut, dans le dédale des escaliers qui montent au Sacré-Cœur. J'ai de bonnes jambes, et le temps que nos gardiens décident à qui reviendrait le devoir de me rattraper, je serais déjà loin... Je ne le fais pas. Je regarde ma chère maman, mon cher papa, tous les deux si accablés, je regarde Rachel qui s'accroche à Charlotte comme un naufragé à son radeau. Je ne me sens pas plus solide, pas moins inquiet qu'eux. Et puis je les aime, tout simplement. Alors franchement, qu'est-ce que je ferais sans eux ? Je grimpe dans le car.

On n'a pas fait le chemin tout seuls. Sur la route, on a ramassé plusieurs autres familles escortées par plusieurs autres policiers. On en a ramassé tellement qu'on ne pouvait plus s'asseoir tous. Les parents ont pris les plus petits sur les genoux, on a laissé les banquettes aux plus vieux. On nous a fait entrer dans la mairie du XVIIIe où d'autres familles de Juifs attendaient, avec leur étoile sur la poitrine et les mêmes valises à leurs pieds. De là, nous avons dû monter dans un bus. On se taisait, jusqu'à ce qu'un monsieur, qui se tenait debout à l'avant, s'exclame quand le véhicule s'est arrêté :
— C'est le Vélodrome d'Hiver ! Je le reconnais, c'est le Vélodrome d'Hiver !
Voilà. Le bus stationne devant la porte d'entrée et nous sommes tous bien trop abattus pour contrarier nos gardiens par nos questions. Quand même, qu'est-ce qu'on attend, maintenant ? Papa s'éponge le visage toutes les deux minutes, les femmes ont le front luisant, les hommes de larges auréoles sous les bras. Normal, il fait chaud, le ciel s'assombrit peu à peu, l'orage approche, on le sent.
Le Vélodrome d'Hiver, je n'y suis jamais entré, mais je sais bien ce qui s'y passe normalement : j'ai

16 JUILLET 1942

souvent lu des comptes rendus de matchs de boxe ou de courses cyclistes, dans les journaux. Les premières années, quand j'ai appris à lire, c'était même un bon exercice. Je m'installais à une table chez le père Fabri, papa jouait à la belote et moi, pendant ce temps, je déchiffrais les mots des pages sportives. Donc, ça se passait là... Je doute fort qu'on nous ait réunis pour nous offrir le spectacle d'un combat.

Deux autres véhicules se sont garés derrière nous dans la rue Nélaton. C'est peut-être eux qu'on attendait. En tout cas, ça y est, on nous fait descendre. Des gardes mobiles qui étaient déjà sur place forment une haie de chaque côté de l'allée. Nous nous engageons sur le trottoir, nous avançons dans le passage au bout duquel il y a encore de larges portes battantes. Des gens pleurent tout autour de moi, des enfants aussi sûrement, je ne sais pas, je ne distingue pas grand-chose du haut de mon mètre quarante. Je ne vois que des dos courbés, des fonds de culotte usés, des ceintures en cuir sur des robes de femme trempées de sueur, des mailles distendues au bas de pull-overs parfaitement superflus par cette chaleur.

On entre. Une clameur nous assaille. D'instinct, nous resserrons les rangs. Nous sommes cinq. Papa, maman, Charlotte, Rachel et moi, nous ne formons plus qu'un seul corps face à la masse bruyante et sourde qui s'étale devant nous. On pousse derrière, nous avançons davantage, jusqu'à ce que les portes se referment sur nous, la nouvelle livraison du jour, plusieurs dizaines de personnes, trois autobus.

Je n'avais pas imaginé que le Vélodrome était si grand. Je n'aurais pas pensé qu'il contenait autant de tribunes, si vastes, si hautes. Je n'aurais jamais pu me douter qu'une fois tous les sièges occupés, on puisse encore remplir l'espace avec des êtres humains exactement comme on bourre une valise avec des chemises qu'on n'a pas peur de chiffonner. Oui, mais les chemises, elles ne ressentent rien. Elles n'ont pas besoin d'air à respirer, elles ne demandent pas à se dégourdir les jambes, ni à s'allonger. Elles sont jeunes, elles sont vieilles, on s'en fiche : elles n'ont mal nulle part. Pour elles, la dignité n'existe pas.

Maman s'exclame avec frayeur :

— Mais combien nous sommes, là-dedans ?

Au mois de mai, le bruit avait couru dans la ville que des centaines de Juifs avaient été arrêtés. Des policiers avaient frappé à leur porte, exactement comme ils l'ont fait tout à l'heure chez nous, et ils avaient emmené les hommes. Papa avait commenté l'affaire en se voulant rassurant.

— Les rafles, oui, il y en a, je sais bien, mais ce n'est pas pour les petites gens comme nous. C'est pour les Juifs importants. C'est pour Blum, pour Mendès France. Les intellectuels, oui, c'est d'eux que les Allemands ont peur. Mais nous autres... Ils ne risquent rien avec nous, les tailleurs, les peintres, les cordonniers, les rempailleurs, les ouvriers sans

16 JUILLET 1942

le sou. Alors c'est logique, on ne risque rien avec eux non plus !

Il est 15 h 30 au Vélodrome. Papa se trompait. À l'évidence, depuis ce matin, il y en a eu, des bus, il y en a eu, des livraisons de Juifs, et pas que des politiciens ou des professeurs d'université. Des familles comme la nôtre, des petites gens qui nous ressemblent, il y en a plein. Nous sommes entre nous ici, et nous sommes des milliers.

On va trouver un petit coin où se poser. Au début, on n'ose pas trop s'étaler. On ne sait pas combien de temps on va rester, d'abord. Mais au fur et à mesure que la soirée avance, on devine qu'on va sans doute passer la nuit sur place. Et puis d'autres convois continuent d'arriver. Les portes battantes s'ouvrent de façon régulière et les hommes en cape noire poussent des dizaines de gens dans le Vélodrome. Ils forment malgré eux un miroir à retardement : ils affichent le même air ahuri que nous-mêmes quelques heures plus tôt. Comme nous l'avons fait, ils vont finir par se répartir dans les allées et les étages. Comme nous, ils vont remercier une famille qui se pousse pour leur faire une place. Comme nous, ils vont commencer à sortir leur pain, à le partager en autant de morceaux qu'ils sont, et comme nous, ce pain ne les rassasiera pas. Rien n'apaisera leur angoisse.

Ça y est, l'orage éclate. Des gouttes de pluie lourdes comme des obus s'abattent sur la verrière.

Pendant quelques minutes, elles couvrent tous les sanglots, tous les cris, les lamentations, les prières. Une femme commente doucement, comme pour elle-même :

– C'est Dieu qui pleure sur le sort des Juifs.

Nous perdons la notion du temps qui s'écoule : la verrière a été opacifiée pour ne pas être visible pendant les bombardements. Nous sommes éclairés par des néons qui diffusent une lumière jaunâtre. La nuit tombe, on y voit comme en plein jour.

– Joseph, fais le tour, essaie de trouver tes oncles.

– Émile et Albert ? Tu crois qu'ils sont là, maman ? Tu crois ?

– Il y a tellement de Juifs ! Pourquoi pas eux ?

Elle hausse les épaules, fataliste. Elle aimerait bien qu'ils soient là, eux aussi : on pourrait se regrouper, ils auraient peut-être quelques vivres à partager avec nous. Elle aimerait tout autant qu'ils aient échappé à la rafle. Maman ne sait même pas ce qu'elle espère.

Je me mets en chasse. Je parcours les tribunes, une à une, de haut en bas. Je vois des femmes, beaucoup de femmes, avec des bébés endormis dans leurs bras. J'en vois une, enceinte, qui se balance d'avant en arrière, comme si elle voulait bercer l'enfant dans son ventre. Je vois des corps entremêlés, des jambes, des pieds, des bras, et quelques têtes qui émergent du tas : ils sont vivants, pourtant, je les vois qui bougent de temps en temps. Tout doucement, pour ne pas gêner les autres. Oui, mais cette vieille dame, là, complètement avachie ? Sa tête repose sur sa propre épaule. C'est impossible, cette position ! J'essaie de la reproduire, sans succès. Je ne dois pas être assez souple. Ou pas assez mort. Alors comme ça, le corps devient tout mou quand le cœur cesse de battre ? *T'occupe Jo, continue. N'oublie pas, c'est Albert et Émile que tu cherches.* Les distractions ne manquent pas, pourtant. Certains sont habillés n'importe comment. On voit bien qu'ils ont enfilé tous les vêtements qui leur tombaient sous la main quand les policiers sont venus les prendre. D'autres se tiennent assis, le dos bien droit. Ils ne veulent pas fléchir, ils ne pleurent pas, ils ne se plaignent pas et ils trouvent encore la force de prier. Ce sont les plus vieux. En bas, sur la piste, la Croix-Rouge a dressé des tentes. Des infirmières en blouse blanche entrent et sortent sans cesse, elles écoutent les doléances des uns et des autres, impuissantes, désolées. Ça sent franchement mauvais dans les endroits les plus reculés, contre les murs de l'enceinte, au point le plus haut surtout. Les toilettes sont bouchées, les gens se soulagent un peu partout. Je me dis que mes oncles, s'ils sont bien ici, n'ont certainement pas choisi ces coins-là pour s'installer. Je les évite désormais.

Il m'a fallu trois heures pour faire le tour du Vélodrome. Quand je reviens vers maman, je n'ai même pas besoin de parler. Un vague non de la tête suffit à la renseigner.

— Viens dormir, mon chéri.

Rachel prend toute la place sur ses genoux. Je m'accroupis à leurs pieds. Il faut un long moment avant que je plonge tout à fait dans le sommeil.

*
* *

Trois jours que nous sommes là. Plus personne n'entre maintenant, et surtout, personne ne sort. Sauf les cadavres. Je n'y prête pas attention, je n'ai pas peur pour mes parents : ils sont jeunes, ils tiennent bien debout, ils n'ont pas de maladie. J'ai confiance, et c'est bon de sentir cette assurance, au fond de mon cœur, que rien ne peut nous arriver. Je ne me suis pas fait de copains. J'en vois qui se regroupent en bas, sur la piste. Ils ne courent plus, ils ne jouent plus. Ils sont tous un peu patraques. Il fait une chaleur à crever. Là-haut, dans les tribunes d'où les adultes ne décollent pas, ils ne sont plus très nombreux à prier et pourtant, il y a beaucoup de bruit, tout le temps. Papa dit qu'on se croirait dans une ruche et que c'est quand même incroyable, après tout ce temps passé enfermés ici, sans nouvelles de l'extérieur, sans rien à faire de la journée, qu'on arrive encore à trouver des choses à se dire. En fait, on se rassure en parlant en permanence. On fait des hypothèses, on s'émerveille d'être aussi nombreux, sûrs que notre nombre nous rend moins vulnérables. On se donne des nouvelles d'un voisin, d'un cousin, d'un ami : on a fait le tour du Vélodrome, plusieurs fois, même après que les portes se furent complètement fermées sur nous. Ce voisin, ce cousin, cet ami, il n'est pas parmi

16 JUILLET 1942

nous. Il est donc ailleurs. Il a donc sans doute moins soif, moins faim. Nous en sommes maintenant convaincus : ceux que l'on n'a pas pris ont plus de chance que nous.

— Moi, je ne suis pas inquiet ! lance un vieil homme. J'ai entendu dire qu'on va nous emmener dans un camp, à l'est, où chacun pourra faire son métier.

Un autre, à peine plus jeune, s'esclaffe.

— Et tu y crois !

— Et pourquoi pas ? Qu'est-ce que tu veux qu'ils fassent de nous, autrement ? Et puis, c'est juste en attendant…

— Mais en attendant quoi ?

— En attendant de nous trouver une terre à nous, un pays rien qu'à nous. Tu peux te moquer de moi, me prendre pour le vieil imbécile que je suis peut-être, j'ai bien compris qu'ils ne veulent plus de nous ici, mais le monde est grand.

— Le monde est grand, mais ça fait deux mille ans que nulle part nous ne sommes les bienvenus. Ne te fais pas trop d'illusions, va…

— Il faut bien garder espoir. Et puis quoi, sinon ? Où ? Où ira-t-on ?

— On en revient toujours à la même question, mon pauvre ami…

Maman écoute les conversations et se tait. Elle nous caresse le bras ou les cheveux dès qu'on passe à portée de sa main. Sinon, elle reste assise, immobile, faible, honteuse. Papa, lui, parle de moins en moins. Charlotte fait la tête, comme si elle était fâchée. On dirait qu'elle a peur de ne jamais retrouver ses livres. Rachel, la petite, pleure de plus en plus souvent. Elle a très mal au ventre. Et moi… Eh bien, moi, j'attends, comme tout le monde. J'ai tissé un voile opaque dans ma tête, une toile qui nous recouvre tous les cinq, qui nous maintient unis, étrangers à ces milliers de gens qui nous entourent. Je suis la guêpe sur laquelle on a renversé un verre. Je n'ai pas perdu beaucoup d'énergie à m'épuiser en me cognant aux parois. Je reste tranquille mais je me tiens prêt. Je passe mes journées en apnée tellement ça pue, mais je me dis qu'on est toujours ensemble, en famille, et que c'est l'essentiel. Nous avons rencontré tant de femmes qui cherchaient leurs enfants, sortis se promener quand elles ont été arrêtées. Elles les imaginent perdus, seuls, ça a l'air d'être une angoisse terrible pour elles. D'ailleurs, ce sont les mères qui souffrent le plus, je crois. Elles souffrent pour leurs petits qu'on affame, elles souffrent de ne pas pouvoir les soigner, elles souffrent du manque d'hygiène et d'intimité. Quelle force les tient, je ne sais pas. Maman est comme elles, comme toutes ces autres femmes décoiffées, débraillées, sales, elles qui ne sortiraient jamais dans la rue sans avoir vérifié leur chignon et leur tenue, parce que c'est bien la moindre des choses que d'être présentable, quand on est aussi pauvre. Maintenant, elles se

16 JUILLET 1942

fichent de savoir à quoi elles ressemblent, elles n'y pensent plus, elles ne se posent plus de questions. Elles s'apitoient en silence sur le sort de ceux qu'elles aiment, pas sur elles-mêmes. Une fois seulement, j'ai entendu une clameur. Un bruit mat suivi par des cris qui ont envahi tout l'espace.

— C'est une femme qui s'est jetée du haut des tribunes !

Pendant de longues minutes, les gens se sont interrogés sur ce qui venait d'arriver. Quelqu'un m'a demandé :

— Joseph ? Joseph ? Ça va ?

Je n'ai pas répondu. Je me suis abstrait du drame qui se jouait autour de moi.

Depuis deux jours, des gens s'en vont. Des policiers sont passés dans les allées, ils ont organisé le départ de plusieurs centaines de familles, de façon méthodique, ordonnée. Il faut croire que ça n'allait pas assez vite. Qu'il fallait accélérer la cadence, en finir rapidement. Une voix, diffusée par les haut-parleurs, nous annonce l'imminence du départ pour les derniers — nous sommes encore des milliers.

— Ramassez vos affaires ! Départ dans dix minutes, pour tous ! Présentez-vous à la porte principale.

Le soulagement se mêle à la panique. Épuisés par cinq jours sans boire ni manger, ou si peu, atteints de dysenterie pour beaucoup, les adultes rassemblent les maigres forces qui leur restent pour réunir le linge qu'ils avaient emporté encore imprégné de lavande, et qui sent la merde maintenant, comme notre peau, comme nos cheveux. Les petits ont la morve au nez, le derrière sale, des boutons plein la figure. Ils ont la rougeole, la scarlatine, la varicelle, et je ne sais quelles autres maladies encore. Il fait si chaud sous la verrière, et la fièvre les tient si bien... On dirait qu'ils brûlent de l'intérieur. J'entends des gens qui disent :

— Enfin ! Ils ne nous ont donc pas oubliés. Qu'importe où ils nous emmènent, ça ne peut pas être pire qu'ici.

D'autres soupirent :

— On pourra peut-être bientôt se laver...

Et d'autres s'emballent :

— Et soigner nos enfants.

— Et manger, un peu.

— Boire, juste boire.

Serrés de près par des hommes en uniforme, comme le jour de notre arrivée, nous voilà poussés dans des bus, sans ménagement mais sans véritable violence non plus. À croire qu'il y a urgence, alors que nous marinons depuis plusieurs jours dans notre crasse et notre sueur.

Comme jeudi dernier, nous montons dans les véhicules, sans savoir où ils vont nous mener. Nous affichons tous le même air incrédule qu'à notre arrivée : nous sommes si nombreux, que vont-ils faire de nous ? Il y a des vieux tellement vieux qu'ils ne peuvent plus du tout marcher. Qu'est-ce qu'on

16 JUILLET 1942

fait ? On les laisse ? Non, il faut les porter. Il y a des malades tellement malades qu'ils ne peuvent plus se lever. On les embarque aussi. On ne sait rien parce que personne ne nous dit rien. D'ailleurs, il est de plus en plus difficile de croiser le regard d'un agent. Au début, ils n'avaient pas l'air très aimable, mais au moins ils nous répondaient quand on les questionnait. Ils disaient « je ne sais pas », ou « vous verrez bien » mais maintenant, ils nous ignorent carrément. Comme si on ne parlait pas la même langue. Comme s'ils ne nous entendaient pas. On dirait qu'ils nous détestent de devoir être là, de devoir nous tenir à l'œil alors que nous sommes tellement repoussants. Mais qu'est-ce qu'on y peut, nous ? C'est à cause d'eux qu'on est dans cet état ! Quand nous mettons enfin le nez dehors, et même si ce n'est que pour deux minutes, le temps de parcourir les quelques mètres qui séparent la porte du Vélodrome de celle du bus, je jette sur nous cinq le voile protecteur que je nous ai inventé. Je prends une grande respiration, je regarde à ma droite, à ma gauche, devant, derrière : partout, c'est la même désolation, mais enfin je peux remplir mes poumons d'air, de liberté, de vie. Une épreuve prend donc fin, nous y avons tous survécu.

Du Vélodrome d'Hiver, on nous emmène à la gare d'Austerlitz. Elle grouille de gendarmes, de policiers, d'hommes armés, des Français. Mais pas seulement : les Allemands nous attendent sur les quais. Ils sont là, en nombre impressionnant, tous les cinq mètres, ils tiennent des molosses en laisse. Ils ont sorti leurs décorations pour l'occasion : une large plaque qui pend sur leur poitrine, sur leurs jolis boutons cuivrés. *Feldwebell*, c'est écrit. Le morceau de métal est si grand, et visiblement si lourd, qu'il me fait penser aux pancartes qu'on accroche au cou des vaches dans les concours agricoles. J'avais vu ça, dans le Maine-et-Loire. *T'as raison, Jo, en voilà de sacrées belles vaches...* Les chiens sont excités par la foule, ils ont envie d'aller courir, ou mordre. Dans la cohue, j'ai failli être séparé de mes parents. Papa m'a rattrapé par la manche in extremis alors que j'étais emporté par le courant. Heureusement, nous avons réussi à nous regrouper, et maintenant que nous sommes montés dans ce wagon à bestiaux, tous les cinq, main dans la main, nous nous sentons presque soulagés. On ne risque plus d'être séparés. Sur les lourdes portes du wagon, voilà ce qui est écrit : « Chevaux en long : 8, hommes : 40 ». Nous sommes bien davantage.

Nous voilà enfermés depuis deux heures, debout, serrés les uns contre les autres, sans eau ni toilettes. Dans une obscurité presque complète – il n'y a qu'une seule lucarne pour tout le wagon –, nous suffoquons en tendant l'oreille à ce qui se passe à l'extérieur, sur le quai, mais c'est toujours la même chose : des pleurs, des cris, les aboiements des chiens, les invectives des gendarmes français aux

16 JUILLET 1942

policiers, et celles des Boches qui les couvrent de leur puissance. De temps en temps, un coup est porté sur une épaule, une tête, un dos. Un prisonnier pousse un cri plus aigu que les autres, une plainte qui nous glace. Un instant, nous restons plus immobiles encore. Comme pétrifiés, nous écarquillons les yeux, nous aimerions trouver dans le regard d'un autre l'assurance que tout ira bien, pour nous au moins, puisque plus personne ne s'occupe de nous désormais. Nous sommes enfermés, comme des bêtes, dans le noir et dans l'ignorance. Et toujours rien à boire, rien à manger, et toujours aucun endroit où se soulager décemment.

À midi, le train s'ébranle lentement, nous partons sans savoir où. Nous ignorons aussi combien de temps durera le voyage. Parfois, un homme coincé tout près de la porte glisse un œil dans un interstice pour essayer de deviner où nous sommes, vers où nous allons.

— Ça ressemble à un coin que je connais, je crois qu'on s'approche de la Picardie...

— Tous les coins se ressemblent, l'ami.

— On va bien vers le nord, non ?

— Je dirais plutôt vers l'est.

— Quelqu'un a-t-il une boussole ?

— Une boussole... Ben voyons ! Une boussole... On a oublié la boussole !

Quelques-uns trouvent encore la force de sourire. Et puis tout le monde se tait. Pendant des heures. Nous roulons lentement. Souvent le train s'arrête, en rase campagne, on ne sait pas pourquoi, ni pour combien de temps. Il fait chaud, plus de quarante degrés sûrement : le wagon a dû rester des heures au soleil avant qu'on y monte. On se croirait dans un four. Régulièrement, un homme parmi les plus forts hisse un enfant jusqu'à la lucarne pour qu'il puisse y prendre un peu d'air. Je rêve à mon lit-cage, mon misérable lit que je dois déployer chaque soir pour me coucher et replier aussitôt le jour levé, mon lit d'enfant dont les ressorts grincent au moindre mouvement, avec le matelas si fin que je sens ma hanche le traverser. Je rêve que je m'y allonge, dans les draps toujours lisses et frais, la pièce est plongée dans un silence familier, Rachel en dormant pousse de petits soupirs irritants, mon père ronfle doucement dans la chambre à côté, le bois de l'armoire craque par intermittence. Mon lit-cage, je le détestais jusque-là, et j'ignore quand je pourrai m'y allonger à nouveau. Mais désormais, je suis sûr que je l'aimerai.

– 4 –

BEAUNE-LA-ROLANDE

En fait, on a roulé vers le sud-ouest. Nous avons fait un arrêt à Pithiviers où nous sommes restés longtemps en tendant l'oreille : des portes coulissaient, des pas résonnaient sur le quai, on attendait notre tour... qui n'est pas venu. En quelque huit heures, on a parcouru une petite centaine de kilomètres, une distance dérisoire qui nous rapprochait de l'Amérique, mais si peu, et qui nous éloignait, mais si peu, des frontières de l'Allemagne. Pour aujourd'hui, le voyage finit là. Beaune-la-Rolande, deux semaines d'arrêt.

De la gare, nous avons dû marcher sur plusieurs kilomètres. Nous avons suivi le mouvement qu'on nous imposait, la peur au ventre encore une fois, ne sachant pas où l'on nous menait. Nous avons traversé les rues froides du village, non seulement désert mais hostile : pas de lumière aux fenêtres dont les volets étaient d'ailleurs tous fermés, pas le moindre signe de vie, pas même un chat errant... Arrivés au camp, épuisés par le trajet, assommés par la chaleur, vidés par les cinq jours qu'on avait passés au Vél'd'Hiv, on s'est tous laissés tomber sur les paillasses qui nous ont été distribuées. Et nous avons dormi, les hommes ensemble, les femmes ensemble. Moi, je suis juste à la limite d'âge. Je n'ai pas encore fait ma bar-mitsvah, mais j'ai été admis chez les hommes, et ça me flatte. Il y a plusieurs baraquements, tout en longueur, avec une porte à chaque bout. À l'intérieur, des châlits sur trois niveaux, collés les uns aux autres. On m'a attribué une place tout en haut.

Dès le premier matin, on a compris qu'on ne resterait pas là bien longtemps. Ceux qui voyaient tout ont ouvert les yeux à ceux qui préféraient ne rien voir. Depuis, ce sont les mêmes conversations, à longueur de journée : les hommes marchent gravement, sombres d'habits et de visage, ils se répètent les mêmes phrases.

— D'autres que nous ont passé du temps dans ce camp : les paillasses sont abjectes de crasse, certains ont marqué leur nom sur des pieux à l'entrée des dortoirs, sur les tables dehors.

— J'ai retrouvé des lettres dans la paille, derrière mon lit...

— Ils ont été emprisonnés ici, comme nous le sommes aujourd'hui, et puis ils nous ont laissé la place. Mais où sont-ils partis, à votre avis ? Ils ne sont certainement pas rentrés chez eux !

— Si des prisonniers avaient été libérés, à Paris, on l'aurait su...

Certains s'accrochent à un espoir qu'ils puisent je me demande bien où.

— Ils n'ont peut-être pas été libérés, et on ne le sera sans doute pas tout de suite non plus, mais ils ont sûrement été emmenés dans des camps aménagés pour les Juifs.

— Il paraît qu'on retourne dans notre pays d'origine. C'est pour ça qu'ils nous ont conseillé de prendre des vêtements chauds.

— C'est très probable. Regardez-nous, avec nos femmes, nos enfants ! Qu'est-ce que vous voulez qu'ils fassent de nous ? Pétain veut juste nous éloigner le temps que ça se tasse.

— Pétain ! Tu fais encore confiance à Pétain, toi ?

Comme au bistrot du père Fabri, quand la conversation s'animait autour d'une partie de belote, papa finit par me tirer par la manche et m'entraîne au loin.

— Viens, allons retrouver tes sœurs.

— Papa ? Et toi ? Qu'est-ce que tu penses ?

Il se penche et me fait un clin d'œil complice.

— Moi, je crois qu'on va... à *Pitchi Poï* !

Mon père évoque le village imaginaire tel qu'on le désigne en yiddish dans la culture populaire polonaise. Il me signifie ainsi qu'il ignore notre destination, mais qu'il choisit de croire à l'issue merveilleuse et inattendue de notre aventure, comme s'il s'agissait d'un conte de fées. Je m'amuse à entrer dans son jeu.

— À *Pitchi Poï* ? Formidable ! Et on mangera des *bagels* bien dorés, là-bas ? Du *gefilte fish* ? Des œufs hachés ?

Mon père rit. Je sais très bien qu'on n'aura rien de tout ça sur notre table, où que l'on aille, et il sait que je le sais. Il rit de ma gourmandise et de ma joie, demeurées apparemment intactes malgré tout ce que nous venons de vivre et qui ne prête qu'à pleurer. Je n'ai pas peur de *Pitchi Poï*. Je n'ai peur de rien parce qu'il est là, parce que je sens sa main solide autour de la mienne. Je regarde maman qui reste toujours aussi belle malgré la fatigue, et qui continue d'adresser des prières à Dieu à toute heure de la journée. Il y a parmi nous des hommes et des femmes pleins d'espoir. Il y en a peut-être aussi qui tremblent, mais ceux-là, je les couvre d'un voile opaque, le même qu'au Vél'd'Hiv. Je choisis de ne pas les voir, de ne pas entendre leurs plaintes, ils ne m'atteindront pas. Il fait beau sur le camp comme sur Montmartre, je lève le nez au ciel dès que le jour se lève, je sens le vent dans mes cheveux, le parfum d'une fabrique de pain d'épice située non loin de là vient me chatouiller les narines de temps à autre. J'en ai mangé un jour, au square, je me souviens… C'était bon. J'en remangerai, à *Pitchi Poï* ou ailleurs.

Les journées se ressemblent toutes. À 7 heures, on nous sert un vague jus noirâtre qui tient lieu de petit-déjeuner. La matinée, nous la passons – les enfants les plus grands aussi – occupés aux corvées de nettoyage que nous poursuivons chaque après-midi après avoir ingurgité un quignon de pain et un breuvage dans lequel nagent quelques haricots charançonnés, notre déjeuner. En fin d'après-midi, on se presse pour un nouveau bouillon, et sitôt la nuit tombée, c'est l'extinction des feux. On peut nous en vouloir de piller les richesses de la France, nous ne coûtons pas bien cher au pays cet été. On peut même penser qu'on lui rapporte : il se dit partout dans le camp que des fouilles méthodiques sont organisées dans les affaires et sur les gens eux-mêmes, que personne ne partira d'ici avec le moindre objet de valeur. L'autre jour, j'étais chargé d'aller vider la tinette remplie d'excréments de notre baraquement : je me suis aperçu qu'elle contenait des billets de banque et des bijoux. Je n'ai rien dit, et évidemment, je n'en ai pas pris. Qu'est-ce que je pourrais en faire de toute façon ? Je suis appelé à partir d'ici, moi comme les autres, et je serai bien obligé de vider mes poches à mon tour.

Le départ est prévu pour aujourd'hui. On nous a prévenus hier après-midi, par le haut-parleur. Les Weismann ont été appelés, parmi des centaines de familles : papa est allé nous faire inscrire. Il est 5 heures du matin, le jour se lève à peine et nous nous retrouvons dans la queue pour les fouilles, devant le baraquement qui a été libéré exprès de ses internés, comme on nous appelle... Il n'y a que des femmes, je me demande bien pourquoi maman a voulu que je l'accompagne. Elles baissent toutes la tête, honteuses. Je voudrais leur crier, moi, qu'elles devraient être fières au contraire de tenir encore debout malgré le régime qu'on leur inflige depuis des semaines. Beaucoup ont été séparées de leur mari, soit parce qu'il a été arrêté avant elles, quand les rafles ne visaient encore que les hommes, soit parce qu'elles l'ont perdu dans la cohue du Vél'd'Hiv. Je ne devrais pas dire qu'elles ont honte, d'ailleurs : elles sont tout simplement effrayées, et il y a de quoi. Le bâtiment a été vidé de ses châlits. De chaque côté, il y a maintenant de longues tables derrière lesquelles sont assis des miliciens, de jeunes types habillés en noir des pieds à la tête, avec leur béret et leur baudrier sur la poitrine. Ils jouent avec leur matraque qu'ils ont posée devant eux. Ils affichent un air sournois, satisfait. Ils jubilent de voir ainsi soumises des femmes qui pourraient être leur mère. Quand l'une d'elles s'approche, ils tapent sur le bois, quelques coups secs, impatients.

– Déposez vos valeurs, vite. Bijoux, montres, argent ! Dépêchez-vous !

J'en entends un qui hurle :

– Qu'est-ce que vous cachez dans votre poitrine ?

Son voisin se renverse sur son dossier et se marre.

C'est bientôt notre tour, mais d'abord il y a cette grosse femme, juste devant nous.

– Déshabillez-vous !

Elle dit non avec la tête, elle croise les mains sur son décolleté, sa peau, sa pudeur, elle verse des larmes silencieuses, elle implore. Un milicien s'avance et la secoue brutalement, il extirpe un billet de son corset, le jette sur la table, se retourne et assène un coup violent sur la nuque de sa victime. Maman en a le souffle coupé, je me blottis contre elle en pleurant.

— C'est rien mon chéri… C'est rien.

Ce n'est pas rien. Cette femme se retrouve presque nue maintenant, ses jarretières pendent le long de ses cuisses épaisses, elle est à terre, et je la trouve grosse, et laide ; sa vue m'effraie autant que les coups de pied que lui porte cet homme. Elle pleure, elle crie, elle supplie le milicien, qu'il cesse de la frapper, qu'il mette fin à l'humiliation et à la souffrance, qu'il la laisse en vie, tout simplement ! J'ai honte quant à moi de la trouver si misérable, j'ai honte de ma honte, un malaise immense m'envahit de ce sentiment mauvais. Je ne devrais éprouver que de la pitié pour cette pauvre femme, je préfère détourner mon regard. Et puis quoi ? J'ai peur pour ma mère ! Je ne supporterais pas qu'on la frappe de la même manière, je ne le souffrirais pas. Heureusement, nous ne possédons rien, et c'est bon de ne jamais avoir possédé quoi que ce soit, tout soudain. Le peu d'argent que maman avait pu apporter jusqu'ici, les gendarmes nous l'ont déjà pris. Ils devaient craindre que l'on essaie d'acheter un de nos gardiens pour nous faire évader.

Ils n'ont pas fait déshabiller maman, et nous avons pu sortir de la baraque par l'autre porte, à l'autre extrémité. Nous nous retrouvons debout sur l'esplanade, venant grossir la petite foule qui s'est déjà formée, et qui va continuer de grossir, grossir, toute la matinée. Nos gardiens nous ont séparés en deux groupes : d'un côté les hommes, de l'autre les femmes et les enfants, dont ma mère, mes sœurs et moi.

Il est plus de midi, nous n'avons toujours rien avalé depuis la veille, le soleil cogne sur nos têtes, la chaleur se mêle à notre sort pour nous accabler davantage, nous attendons toujours. Un gendarme a dit :

– Vous allez être déportés.

La phrase parcourt la masse dense et somnolente que nous formons à présent. Le mot est répété, disséqué, expliqué.

– Déportés ? Qu'est-ce que ça veut dire, déportés ?

Nous sommes un troupeau d'hommes, différent d'un troupeau de bêtes en ce sens seulement qu'il est doué de parole. Pour le reste, nous ne valons pas mieux.

Des Allemands ont pénétré dans le camp. Depuis que nous sommes arrivés à Beaune-la-Rolande, c'est la première fois que j'en vois. Ça ne me fait rien. J'ai cessé de croire qu'ils nous veulent plus de mal que les policiers français, puisque ces derniers ne nous veulent visiblement aucun bien. Les soldats nous toisent, je baisse la tête pour ne pas croiser leurs regards. Des bandes de tissu rouge courent sur l'extérieur de leurs jambes, ça m'impressionne. Cet habit me paraît très sophistiqué pour des guerriers. Mais c'est vrai que c'est l'armée des vainqueurs...

Depuis combien d'heures attendons-nous sous le soleil écrasant d'une journée de plein été ? J'ai perdu toute notion de temps. Les plus petits ne pleurent même plus. Dorment-ils ? Ils semblent plutôt évanouis de chaleur et de soif. Les femmes rassemblent leurs dernières forces pour montrer à leurs enfants qu'elles gardent espoir, que c'est le courage qui les tient debout, plus que la peur. Mais soudain le ton monte chez les Allemands : ils n'ont pas l'air content du tout, ils demandent des comptes aux Français qui nous ont amenés jusqu'ici. Nous autres, les futurs déportés, nous ne nous inquiétons pas plus que nécessaire : abattus par cette nouvelle journée si pénible, nous sommes juste graves et fatalistes. Il y a déjà longtemps que notre destin nous a échappé. Il ne nous reste qu'à attendre qu'on décide pour nous, et nous ne nous faisons aucune illusion sur ce qui va arriver : nous embarquerons à nouveau dans des wagons à bestiaux, « Chevaux en long : 8, hommes : 40 », pour une destination inconnue.

Tous les Allemands ne portent pas un pantalon avec une bande rouge. Seulement les officiers, trois ou quatre d'après ce que je vois. Il fait presque nuit maintenant, on n'a toujours rien mangé ni bu, rien de toute la journée, et eux continuent de parlementer à l'entrée du camp, comme si nous n'existions pas. C'est ça, la réalité : nous n'existons pas pour eux, ou plus. Ils ne se sont préoccupés de nous que le temps de nous rassembler ici et de décider de nous déporter. Le train attend en gare de

Beaune-la-Rolande, et dès que la locomotive aura commencé à s'ébranler, nous transportant au loin, ils oublieront même qu'on a été là, parmi eux, aussi vivants qu'eux, avec un cœur qui bat dans la poitrine, des yeux pour les voir et un cerveau pour penser à leur cruauté.

Les officiers se séparent tout à coup et se répartissent devant les femmes et les enfants. Des soldats se tiennent face à nous, avec leurs énormes chiens. Leurs chefs leur donnent des ordres auxquels je ne comprends rien. Le calme qui régnait jusqu'à maintenant disparaît en un instant. Nous étions muets, découragés, stupéfaits, à bout de forces. Tout à coup, tout le monde se met à hurler, les beuglements des bourreaux se mêlent à ceux des victimes. Une femme crie de toute sa poitrine, mais pour qui ?

— Les enfants ! Ils nous prennent nos enfants !

Instinctivement, je tente de reculer vers le centre du groupe, mais c'est impossible : nous sommes trop nombreux et tous pris d'un mouvement de panique incontrôlable, comme des fourmis au milieu desquelles on aurait jeté un caillou. Une plainte aiguë s'échappe de la gorge des mères auxquelles on arrache un fils, une fille. Les petits se débattent de tous leurs membres maigrichons, ils font des moulinets dérisoires dans l'air pendant qu'un soldat les soulève et les jette plus loin, à terre.

Les officiers balaient les familles du regard, am-stram-gram, ils choisissent au hasard.

— Toi, toi, toi !

Et les enfants sont attrapés et maintenus à l'écart. Je ne sais plus où regarder : sur chaque visage, je lis une détresse profonde qui m'accable encore plus. Sur aucun d'eux, je ne peux lire un signe encourageant, une consolation, l'assurance que non, pas moi, que je ne serai pas choisi. Les hommes protestent eux aussi, de tout leur corps et de toute leur voix, mais les coups pleuvent dans leurs côtes et sur leur tête : ils sont totalement impuissants. Les adultes ne maîtrisent donc plus rien. Je tremble comme une feuille à l'idée d'être enlevé à maman. Mes sœurs, où sont-elles ? Je les cherche et ne les vois plus. C'est donc qu'elles vont partir, elles aussi. Comme mon père, je suppose. Je m'accroche à maman. Elle est mon dernier rempart contre la haine des Juifs qui jaillit sur moi et que j'absorbe avec une conscience de plus en plus forte. Elle est tout pour moi. C'est parce qu'elle est là que mes jambes me portent encore, parce qu'elle est là que je respire, que la soupe me nourrit, que le soleil me chauffe. C'est parce qu'elle est là que mon cœur peut battre. C'est pour elle que j'ai envie de grandir.

Un officier s'approche de nous. Il veut faire vite. Pour échapper aux cris, pour faire cesser ce moment pénible, pour qu'enfin les portes du camp soient verrouillées derrière ces furies et que ces maudits Juifs disparaissent. Mais je ne veux pas disparaître. Ou plutôt si : je veux disparaître avec papa, avec maman, avec Charlotte et Rachel, mais tous ensemble. Je veux me soustraire à leur vue, devenir invisible si ça leur fait plaisir. Promis. Je renoncerai aux squares de Montmartre pour les jardins de *Pitchi Poï*, aussi cailouteux soient-ils. Je ne jouerai plus avec Guéchou, avec Charret, avec Maurice, je ne regarderai plus les mignonnes qui marchent avec mes sœurs au retour de l'école, je n'écouterai plus les conversations de comptoir au bistrot de la rue Cauchois, ça m'est égal. Tout m'est égal pourvu que je puisse rester avec ma mère.

Tous ces hurlements, c'est insoutenable. Je ne les entends plus. Ces visages déchirés de douleur, je crois bien que je ne les vois pas non plus. Ces femmes qui se jettent par terre, qui hoquettent sans retenue sur le sol, au comble de la douleur et du désespoir, elles sont à deux mètres de moi et pourtant, elles me semblent soudain lointaines. Toute cette horreur, c'est l'enfer si l'enfer existe.

Je suis spectateur de la scène qui se déroule autour de mon corps. Je ne sens plus rien, sauf la main puissante et ferme qui m'attrape par le bras et me tire à l'écart.

La nuit est bien noire à présent, me voilà seul sur le sol poussiéreux de l'esplanade du camp. À côté de moi, un autre est seul. Devant, derrière, à perte de vue dans la lumière que diffusent les lampes depuis les miradors, nous sommes des centaines d'enfants seuls, des centaines de solitudes imperméables aux autres. Nous avons tellement pleuré que nos larmes sont taries. Nous avons tant crié que nos voix ne portent plus. Nous nous sommes tant battus que nos corps, épuisés, ne répondent plus. La morve nous coule du nez, on ne pense même pas à l'essuyer d'un revers de manche. Plus personne ne semble se soucier de nous, vulgaires sacs de chagrin, inertes et informes. De temps en temps, quand même, une femme en habit blanc d'infirmière vient ramasser un petit. Il se laisse prendre comme un fruit se laisse cueillir. On l'emmène où ? Je ne cherche pas à savoir. La torture qu'on nous a infligée en nous séparant aussi brutalement de nos parents a annihilé en chacun de nous tout élan de curiosité. Je n'ai même pas la volonté de me lever pour me déplacer de cet endroit où il ne se passera rien de toute façon. Pourtant, arrive un moment où j'entends que ce serait bien d'aller se coucher. Alors je me surprends à me redresser, de façon mécanique, et je me dirige vers mon baraquement, le numéro 7. Je me hisse sur ma couche, inconscient du vide autour de moi. Bon. Et maintenant, je fais quoi ? J'appelle ma petite voix à la rescousse, je la supplie humblement de m'apporter du secours, puisqu'elle est tout ce qui me reste. *Ne pense pas Jo, surtout, ne pense à rien. Dors, va, dors tant que tu peux. Après, tu verras bien.*

C'est le matin, et ce que je vois ne me plaît pas. Il ne reste pas un adulte dans le camp, sauf nos bourreaux qui nous gardent toujours les armes à la main, comme si des enfants de trois ans pouvaient se réveiller terroristes. Quelques infirmières distribuent la soupe. Elles font ce qu'elles peuvent les malheureuses, mais elles ne sont pas assez pour toutes ces âmes brisées. Elles répètent à qui veut l'entendre :

— Vos parents sont allés préparer le camp pour votre arrivée. Les gendarmes ont promis : vous les retrouverez bientôt.

Croient-elles les gendarmes ? Elles n'en ont pas l'air. Pas assez de conviction dans la voix, pas assez de franchise dans le regard. Croient-elles à ce qu'elles disent ? Moi pas. Il suffit d'ouvrir les yeux pour douter de leurs belles paroles. Certains enfants sont tellement jeunes qu'ils ne connaissent pas leur nom de famille, encore moins leur adresse. Il y en a bien quelques-uns auxquels on a distribué des étiquettes, cousues sur leur chemise ou simplement suspendues au bout d'une ficelle. Mais les gamins se les échangent comme des images. J'ai vu un petit garçon qui s'appelle Rosine… Comment leurs parents pourraient-ils les retrouver ? Ils sont des milliers, et nous tout autant.

— Qu'est-ce que tu fiches là tout seul dans ton coin ? Viens donc rejoindre les autres ! C'est comment ton nom ?

— Joseph. Joseph Weismann.

Mon regard croise celui d'un adulte pour la première fois depuis que les yeux de ma mère se sont fermés de douleur, hier soir, quand on l'emmenait vers le train. C'est une petite bonne femme, à peine plus âgée que Charlotte, les cheveux couverts d'une sorte de cornette comme en portent les bonnes sœurs. Elle a l'air débordée, épuisée, mais elle a des ressources plein le cœur. Elle file déjà vers un autre gamin.

Son travail est inutile, ses efforts dérisoires. Nous sommes trop nombreux. Des centaines, disséminés dans tous les coins du camp qui nous paraît vide maintenant que nos parents ont été emmenés. Je n'arrive déjà plus à les imaginer, ni eux ni mes sœurs, dans ce foutu train à bestiaux. La colère me donne la nausée. Je leur en veux de nous avoir laissé prendre à Paris, et surtout d'être partis sans moi. J'ai beau savoir qu'ils n'ont pas eu le choix, qu'ils ne sont pas plus responsables que moi de notre séparation, cette colère me serre la poitrine. J'enrage de cette situation tellement injuste. Si mes yeux pouvaient, ce gardien, là, il tomberait à terre. Il a peut-être un fils, un garçon de mon âge, brun comme moi, ou des filles qui ressemblent à mes sœurs. Ils se retrouveraient seuls eux aussi, et ce gendarme, ce bourreau, n'aurait que ce qu'il mérite. Je balaie le camp d'un bout à l'autre, je tire sur tout ce qui porte un uniforme. Pan pan pan ! Ils tombent comme des mouches, ces salauds.

Nous offrons un spectacle désolant. Les plus petits se promènent la crotte au derrière, ou carrément nus. Les plus grands ont le visage noir de poussière et de larmes mélangées. Nos mères ne nous encouragent plus à nous débarbouiller, on n'en a pas l'idée tout seuls. Les fratries se sont reconstituées. On voit des aînés tenir la main d'un petit frère. Ce dernier s'accroche avec l'énergie du désespoir. Moi, je n'ai plus personne et je repense à mes sœurs que je voudrais pouvoir serrer contre moi. Je tenterais de les rassurer par ma présence autant qu'elles me consoleraient, moi, d'avoir été séparé de nos parents... Mais des Weismann, dans le camp de Beaune-la-Rolande, il n'en reste qu'un, et c'est moi.

De nombreux enfants se tiennent prostrés contre une palissade. Au beau milieu d'un lieu de passage, une gamine âgée de quatre ans tout au plus s'est étendue à même le sol, indifférente aux corps qui la frôlent, aux pieds qui la bousculent par mégarde. Nous sommes à l'abandon, le cœur brisé, anéantis physiquement et moralement. Je nous regarde, et je me demande pourquoi on nous a fait ça. Je me regarde, moi, Joseph Weismann, onze ans, parisien et juif, malheureux et lucide à la fois. Pourquoi on nous a fait ça ?

Le plus étonnant, c'est que la vie reprend ses droits. Peu à peu, des groupes se reforment. Des cailloux deviennent des osselets. Un bâton trace une marelle...

Quant à moi, j'ai déjà pris ma décision. Je vais foutre le camp.

– 5 –

L'ÉVASION

– Eh, dis, toi ! Tu ne veux pas t'évader ?

Le garçon hausse les épaules. Je me tourne vers son voisin.

– Et toi ? Tu veux partir avec moi ?

Ils me prennent pour un fou tous les deux.

– Ça va pas, non ? On va retrouver nos parents dans dix jours, pourquoi veux-tu partir ?

Je passe mon chemin et continue ma quête du compagnon d'évasion idéal. Dès que je repère un garçon apparemment plus grand et plus solide que moi, je renouvelle ma proposition.

– Je m'en vais. Tu m'accompagnes ?

J'en trouve enfin un qui sourit dès que je lui soumets mon idée. Mais ça ne va pas loin.

– Je peux pas, j'ai une hernie.

– Ben... Ça fait rien, tu l'emmènes !

Il pouffe de rire.

– Me fait pas marrer, ça fait encore plus mal !

Je file avant qu'il comprenne mon ignorance : une hernie, je croyais que c'était un instrument de musique.

J'évite les groupes, des fois que je trouverais tout à coup plusieurs types prêts à tenter l'aventure avec moi : à deux, je sais qu'on pourrait s'en sortir, mais à trois et plus, on risquerait trop de se faire remarquer. Je rase les murs et m'accroupis chaque fois que je tombe sur un garçon plus costaud que moi, ce qui ne manque pas… Il y en a qui hésitent, mais jamais bien longtemps. La moulinette à idées se met en route dans leur caboche rasée – à cause des poux – et la réponse fuse comme le ticket du tiroir-caisse.

– Impossible.

Je ne me découragerai pas. Je les interroge sans me lasser, un par un. La plupart se contentent d'un signe de tête pour me signifier que ce n'est même pas la peine d'insister, certains se montrent un peu plus curieux.

– Et comment tu comptes t'y prendre ?
– T'inquiète, j'ai un plan !

Pour l'instant, je mens encore un peu. Si j'étais parfaitement honnête, je dirais plutôt que j'ai un objectif : sortir de cet endroit vivant avec un complice aussi musclé que les super héros de mes bandes dessinées préférées. L'union fait la force. Avant la guerre, j'ai souvent entendu des adultes répéter cette phrase au café de la rue Cauchois. Ils lisaient les journaux, ils commentaient les nouvelles, ils parlaient de faire la révolution, tous ensemble. Dommage qu'ils n'aient pas décidé de la faire au Vél'd'Hiv, ou même ici. D'ailleurs, leur slogan, je n'y crois qu'à moitié : visiblement, l'union, ça divise aussi. Impossible de mettre tout le monde d'accord. Mais ça ne fait rien, je vais la faire, moi, ma petite révolution. Elle ne fera pas de bruit, elle passera même complètement inaperçue, mais elle nous sauvera : on sera deux, on dira merde aux gendarmes et aux Boches, on le dira tout bas au moment où on filera dans la campagne. Ils n'entendront pas ? Tant mieux ! Et le plus tard ils commenceront à nous courir après, le mieux ce sera pour nous.

Le soir arrive avec sa distribution de soupe. Elle ressemble plus à du thé qu'à un véritable bouillon... Au mieux, on trouvera quelques haricots qui flottent à la surface. Ce n'est toujours pas avec ça que je vais m'engraisser. Je n'ai pas encore trouvé mon complice d'évasion, absolument nécessaire, j'en suis convaincu, tout simplement parce que je suis trop chétif pour vaincre seul les murs de barbelés qui nous entourent. J'ai tenté d'en sonder l'épaisseur : impossible. Apparemment il s'agit, sur plusieurs mètres de hauteur, de fils de fer entortillés les uns dans les autres et resserrés par d'autres fils de fer encore : un lacis inextricable. Ça ne fait rien, je ne désespère pas de pouvoir le traverser, à condition d'avoir deux autres mains pour m'aider.

Le lendemain matin, enfin, bingo ! Deux garçons à qui j'ai parlé la veille s'approchent de moi.

— Vous avez changé d'avis ?

— Pas nous, non. On préfère attendre et retrouver nos parents. Mais tu vois ce type, là-bas, debout contre la porte de la baraque ? On lui en a parlé, il nous a répondu qu'il se préparait à se faire la belle lui aussi.

— Merci les gars, je file le voir. Et maintenant, bouche cousue, OK ?

— Bouche cousue. Juré craché !

Je n'en demandais pas tant. De loin, je regarde à qui j'ai affaire… Mon candidat n'est pas tellement plus grand que moi, mais il a double largeur d'épaules. Il reste seul dans son coin : le fait qu'il n'ait pas l'air bavard me plaît bien. Je bombe le torse et je m'approche. Il ne s'agirait pas qu'il me trouve trop fluet pour faire équipe avec lui.

— Salut. Les deux copains, là-bas, m'ont dit que tu envisages de te tirer d'ici ?

— Absolument ! Toi aussi ?

— Quand tu veux ! C'est comment ton nom ?

— Joseph Koganovitch. Mes amis m'appellent Jo.

Il me tend la main, comme un homme.

— Enchanté Jo. Moi, c'est Joseph. Disons Joseph tout entier ! Alors… c'est parti, Jo ?

— C'est parti, Joseph !

Ni une ni deux, nous nous dirigeons vers les barbelés que nous longeons comme si nous les voyions pour la première fois. Sauf que ce sont surtout les gardiens postés en haut des miradors qui nous ont à l'œil. Nous avons la même idée au même moment.

— La baraque de ravitaillement !

C'est celle qui est la plus collée aux clôtures de barbelés. Si l'on arrive à la contourner et à se glisser derrière, on peut espérer se trouver hors de vue des deux miradors situés à l'entrée du camp. Évidemment, il en restera toujours deux, un de chaque côté... Nous nous faufilons sans que les gardiens nous remarquent. Un morceau de planche qui traîne là pourra peut-être nous servir : nous le ramassons et commençons à l'appuyer sur le mur de métal avec l'espoir de passer par-dessus. Des petits curieux se joignent à nous. Puis d'autres, et d'autres encore. Nous avons beau pester qu'ils risquent de nous faire repérer, les distractions sont trop rares et le spectacle que nous offrons semble déjà les avoir cloués sur place. Forcément, les gendarmes ne tardent pas à arriver en donnant de grands coups de sifflet. Nous nous éparpillons comme des moineaux à travers les baraques. J'ai perdu Jo dans la bataille, on se retrouvera plus tard. Mais quand même, si c'était impossible ? J'ai besoin de me remotiver. Ma petite voix me conseille de reprendre mes esprits calmement avant de faire une nouvelle tentative : je me blottis dans un coin et je me lance dans un de ces dialogues intérieurs d'où finissent toujours par jaillir de précieux conseils.

— *Franchement Joseph, on n'a pas idée. Qu'est-ce qui te prend de vouloir partir d'ici, comme ça ? Tu ne sais même pas où aller ! Et puis quoi ? Tu n'as pas envie de revoir tes parents ?*

— *Si, justement, je ne rêve que de ça.*

— *Alors pourquoi partir ? Les gendarmes, les infirmières et même les autres gamins du camp te l'ont dit : tu les reverras d'ici quinze jours.*

— *Ben ça, justement, je n'y crois pas.*

— *Et pourquoi tu n'y crois pas ? Qu'est-ce qui te permet d'en douter ?*

— *J'en sais rien exactement. Et je pense bien que je les retrouverai un jour, mais pas en montant dans un train comme celui qui les a emmenés loin d'ici avant-hier.*

Voilà : ça au moins, c'est tranché. Mon instinct ou je ne sais quoi m'amène à penser qu'il ne faut plus écouter ceux qui disent que... Jusqu'au jeudi 16 juillet dernier, je ne me serais jamais permis de mettre en cause la parole d'un adulte. J'avalais ce qu'on me servait sans même goûter la saveur des arguments. La bonne éducation que m'avaient inculquée mes parents avait fait son œuvre : je ne discutais pas l'autorité d'une grande personne, jamais, et si j'avais bien quelquefois des idées personnelles, je les fourrais dans ma poche et posais mon mouchoir par-dessus. Mais tout ça, c'est terminé. Ils ont trop menti. Ils se sont trop mal conduits. Mes parents les ont écoutés, ils les ont suivis, aveuglément, et ça les a menés où ? Oui, où, je voudrais bien le savoir... Je ne ferai plus confiance à personne d'autre qu'à moi. Et à ce Jo, peut-être, parce qu'il n'a que onze ans, et parce qu'il est prêt à ramer avec moi pour nous sortir de cette galère.

Jo m'a rejoint pendant que je dégustais mon petit-déjeuner, un savoureux jus noirâtre servi dans un gobelet de métal au goût délicieusement... métallique. Les infirmières ont distribué du lait aux plus jeunes. Ils font peine à voir, misérables, sales, perdus. À moitié fous depuis qu'on les a arrachés à leurs parents. Toute la nuit, je les ai entendus pleurer, appelant leur mère en gémissant. Les uns réveillaient les autres, qui se mettaient à hurler à leur tour, ça ne finissait pas. Heureusement, certains ont encore un grand frère ou une grande sœur à qui s'accrocher. Moi, je suis tout seul désormais. Plus rien ne me retient ici.

— Jo, j'ai bien réfléchi. On s'y est pris comme des cons hier.

— T'as raison Joseph. Il faut s'organiser. Et puis il faut penser à ce qu'on fera une fois dehors. Tu as des sous ?

— Non, mais je sais peut-être où en trouver...

Mon nouvel ami prend un air dégoûté quand il me voit plonger la main jusqu'au coude dans les excréments, et il affiche une tête ahurie quand j'en retire, tout heureux, quelques morceaux de papier noirs et mouillés : les billets de banque que j'avais repérés lors de ma corvée.

— Joseph, t'es bizarre, comme gars...

Je me marre, mais je ne desserre pas les dents. On n'est pas là pour rigoler. Cette évasion n'a rien d'une échappée gaillarde du côté du parc Monceau. Je suis tout à fait conscient du danger que nous courons. Les gardiens du camp sont armés. Nous risquons bien davantage que quelques coups de baguette sur les mollets. S'ils nous prennent avec l'argent, encore, ça ne sera pas si grave. Et puis franchement, s'ils ont été assez bêtes pour ne pas voir que les prisonniers le jetaient dans les latrines pour ne pas le leur laisser, je ne vois pas pourquoi ils viendraient nous fouiller. J'agite mon trésor sous le nez de Jo qui en est légèrement éclaboussé.

– Tu sais ce que c'est, ça ?
– Ouais. De la merde.
– La merde, ça se lave. Et dessous, tu verras qu'on découvrira quelques jolis billets de banque !

Jo fait le guet pendant que je rince le butin. La récolte a été bonne : trois billets de cent francs tout neufs. Avec la chaleur qu'il fait, ils seront secs en moins d'une heure. Reste à mettre notre plan au point.

Nous commençons une exploration méthodique du camp. Seule la grille de l'entrée n'est pas protégée par des rangs serrés de barbelés, mais elle nous paraît d'emblée infranchissable : elle est gardée par plusieurs équipes de gendarmes, à l'intérieur et à l'extérieur. Il faudra donc s'arranger avec le réseau de barbelés, aussi dense et profond soit-il. Passer par-dessus est inimaginable : d'abord, il est trop haut, plus de deux mètres à vue d'œil, ensuite il me paraît assez long, et puis on serait trop facilement repérables. Nous envisageons de creuser, mais la terre, desséchée par l'été, est inattaquable. Une dernière option s'offre à nous, ce sera la bonne : écarter les fils métalliques pour se frayer un passage. Notre prison a la forme d'un rectangle et un mirador a été dressé à chaque angle. La nuit, les gendarmes balaient l'esplanade et les bordures avec des projecteurs, prêts à tirer sur tout ce qui bouge. On fera donc aussi bien d'agir de jour.

— Il faut trouver le moment où il y a le plus d'agitation, suggère Jo.

Nous nous exclamons en même temps :

— L'heure de la bouffe !

À midi, tout le monde se rassemble devant la baraque du ravitaillement pour l'unique repas de la journée. Autant dire que personne ne prend le risque de manquer ça, et c'est donc là que tous les gardiens braquent leur regard le temps de la distribution, plus de deux heures en général.

Jo s'inquiète.

— Les barbelés, quand même, ils sont drôlement serrés... On va s'écorcher vif.

— Tu as raison, mais on n'a pas le choix. Il va falloir s'équiper sérieusement... Tu sais où trouver des habits costauds ?

Il sait. Les vêtements abandonnés par tous les gens passés par le camp ont été regroupés dans un baraquement. Nous nous faufilons facilement à l'intérieur. Pulls, pantalons et chemises sont entassés sur les châlits, en vrac, sans distinction de taille ni de forme. Ça ne fait rien, nous faisons le tri nous-mêmes... En fin de matinée, à l'heure où le soleil d'août darde ses rayons les plus agressifs, nous voilà habillés comme en hiver : deux caleçons, deux pantalons, deux chemises, et un solide béret de laine sur nos crânes rasés, le tout dans les couleurs les plus sombres que nous avons pu dénicher : marron et vert foncé. Nous nous tenons à l'écart des autres et faisons semblant de roupiller contre la palissade d'une baraque, comme tant d'autres gamins qui, eux, dorment réellement... J'imagine que ça mouline autant dans la tête de Jo que dans la mienne. Ça fait deux jours que nos parents sont partis. On n'a pas pris le temps de se raconter nos vies. Je ne sais rien de lui, juste qu'il habite dans le XXe arrondissement de Paris, et qu'il n'a ni frère ni sœur. On s'est adoptés spontanément l'un l'autre parce qu'on partage le même goût de la liberté et peut-être aussi une certaine lucidité. Nous ne formulons rien, nous sommes à peine conscients de ce que nous nous apprêtons à faire, mais nous sentons que nous devons le faire. Quelque chose, au fond de nous, nous alerte : il faut partir, c'est une question de vie ou de mort. Nous n'avons pas le sourire aux lèvres à l'idée de notre fugue, au contraire. Nous sommes graves, émus, inquiets pour nous-mêmes. Nous regardons les autres enfants, certains n'ont pas trois ans, et bien peu semblent plus âgés que nous. Beaucoup sont malades de ce qu'on leur fait avaler depuis des semaines, et peut-être plus encore à cause de toutes les privations qu'ils endurent depuis des années. Il y en a qui jouent, insouciants : l'élan de vie qui nous pousse dehors, Jo et moi, les pousse simplement à courir dans la poussière du camp en attendant de courir vers les bras de leurs parents. Ils se nourrissent d'espoir, ou d'inconscience, je ne sais pas. Exactement comme Jo et moi finalement, sauf que nous ne prenons pas la même direction. Ils nous ressemblent tous : la même étoile jaune cousue sur le cœur, le même enfermement, les mêmes cauchemars nocturnes, la même faim qui tenaille le ventre, et dans le cœur le même amour sans bornes pour nos pères et nos mères. La cloche qui annonce le repas sonne à l'autre bout du camp. Nous regardons les enfants jaillir de tous les coins pour aller toucher leur morceau de pain. Nous, on file.

Jo est passé en premier. À plat ventre, le nez dans la poussière, il a commencé à écarter les barbelés pour créer une sorte de tunnel, au ras du sol. Mais il lui faut plusieurs longues minutes pour dégager un ou deux centimètres, tellement les fils sont intimement mêlés. Rien à voir avec les clôtures ajourées qui entourent les champs où paissent les vaches ! Le mur qui se dresse devant nous semble fait d'un amas inextricable de pelotes métalliques. J'ai entendu dire par les adultes, quand ils étaient encore là, que le camp avait été construit au début de la guerre pour y garder les prisonniers allemands. Si la sécurité autour des baraques avait alors été jugée suffisante pour des soldats bien solides et bien nourris, on peut raisonnablement penser que deux minus comme Jo et moi n'avons aucune chance de nous en sortir. Seulement voilà : nous ne sommes absolument pas raisonnables.

Heureusement que Jo est costaud... Après une bonne heure d'efforts et de persévérance, le passage est tout juste assez large pour un gabarit comme le sien, et maintenant qu'il est assez profond, je me suis glissé derrière lui. Nous avançons à la vitesse d'un escargot neurasthénique dans un amas de ronces métalliques si dense que le jour le perce à peine, mais nous avançons quand même. Et puis, a priori, nous avons tout notre temps : ici, ce n'est pas comme à l'école. Personne ne fait l'appel, personne ne nous attend. Et si nous ne nous présentons pas dans notre dortoir ce soir à l'heure de l'extinction des feux, personne ne s'apercevra de rien. Même si un gardien fait sa ronde et passe devant le trou qu'on a fait dans les barbelés, il faudrait qu'il se baisse pour le voir. Je ne dirais pas que nous sommes sereins, mais notre aventure ne semble pas trop mal engagée.

Jo souffle devant moi. J'ai le nez sur ses talons. Ça ne sert à rien de le coller d'aussi près, sauf à l'encourager. Il a beau prendre toutes les précautions possibles, écarter les fils un à un en les tenant à travers le tissu des manches de sa chemise, il s'écorche beaucoup les doigts.

— Aïe, qu'est-ce que ça fait mal ces fichus machins !

— Jo, doucement ! Tu vas nous faire repérer !

— T'es bon toi, je saigne de partout !

— Mais c'est bien, c'est bien, on avance.

— Oui, ben j'en peux plus moi. À toi !

Problème : le passage qu'il a formé n'est pas assez large pour qu'on s'y croise, même si je l'ai un peu agrandi derrière lui. Nous rampons à rebours vers le camp. Je ressors, Jo me suit, et je m'engouffre à nouveau dans le tunnel, Jo sur mes talons. Nous retenons notre souffle pendant quelques secondes. Rien ne se passe. C'est toujours la même clameur qui arrive à nos oreilles, les mêmes pleurs, les mêmes cris d'enfants qui ne se possèdent plus. Personne ne nous a vus, aucun gardien dans sa ronde ni aucun gendarme depuis les miradors, sans doute à cause de l'épaisseur des barbelés.

Mes index et mes pouces forment des pinces assez précises pour saisir les fils et les écarter un à un. Je souffle, je peste comme mon ami l'a fait avant moi, mais peu à peu, je dégage un passage d'une largeur d'épaules sur une dizaine de centimètres. Un mouvement de tête un peu brusque et mon béret s'accroche dans les picots. Les poux, les puces, la gale, ou les blessures ? Je ne sais plus ce qui gratte. D'ailleurs, bien vite, je ne sens plus rien. Ni le sang qui coule sur mes mains, sur mes coudes et dans mon cou, ni mes genoux pelés par le frottement sur le sol. J'entends Jo souffler derrière moi, nous ne nous parlons pas. Nous n'avons pas besoin de nous exhorter l'un l'autre à avancer encore, quoi qu'il nous en coûte. Et puis nous ménageons nos forces. Car c'est long, très long. Depuis combien de temps avons-nous entamé notre percée dans les barbelés ? Il me semble que ça fait des heures.

Ça fait des heures, en effet, mais nous ne le savons pas. Encore une fois, nous avons perdu la notion du temps. Nous n'avons qu'une idée en tête : traverser ce rempart métallique, en venir à bout, nous redresser à l'air libre. Nous n'avons pas le choix : facile d'imaginer ce qui arriverait si nous revenions en arrière. Nous ignorons qu'ailleurs, des résistants se groupent en chantant « la liberté guide nos pas », mais c'est bien l'idée de cette même liberté qui nous aide à supporter notre douloureux crapahutage. Nous sommes épuisés, mais nullement découragés. Nous croyons dur comme fer que nous nous en tirerons.

Nous avons raison. Après des heures d'efforts, je commence à entrevoir une lumière plus franche. Je redouble d'ardeur. Anesthésiées par la douleur, mes mains ne sentent plus rien. J'accélère la cadence, aidé par la chance : le réseau de fils métalliques est un peu moins serré à la lisière de la clôture. Soudain j'aperçois, déjà formé dans les barbelés, un trou d'une vingtaine de centimètres de diamètre, juste devant moi ! Un habitant du village aurait-il tenté de se frayer un passage vers le camp pour aller voir, en douce, ce qui s'y passait ? Ou pour aider des prisonniers à s'échapper, qui sait ? En tout cas, il n'est pas allé au bout de sa peine. Jo et moi, en revanche, nous avons fait tout ce qu'il fallait, ou presque. Dans un ultime effort, je crée un tunnel jusqu'au trou que je viens de découvrir, j'attrape mon béret et d'un geste rageur, je le lance à l'extérieur.

— Jo, mon béret est libre !

— Espèce de couillon ! N'importe quoi ! T'en as encore besoin !

— Je m'en fiche. Je suis peut-être pas encore dehors, mais mon béret y est, et je compte bien le rejoindre !

J'entends mon ami qui peste derrière moi.

— Mais quel imbécile ! Il va s'ouvrir la tête au dernier moment... Qu'est-ce qui m'a pris de partir avec un abruti pareil ?

— Jo, garde tes noms d'oiseaux pour toi. On y est !

— On y est ? Pas vrai...

— Vrai de vrai !

— Et qu'est-ce que tu vois ?

— Il y a un espace à découvert. Il va falloir courir un peu jusqu'aux arbres. Je dirais... Une vingtaine de mètres. T'as encore des jambes ?

— T'inquiète, il m'en reste assez... Alors tu fonces, et tu me fais signe, OK ?

— Ça marche !

Je ramasse mon béret et je m'élance, mes godillots se projettent en avant, mes pattes de moineau les suivent comme elles peuvent, je serre les poings de toutes mes forces, c'est la plus belle course de ma vie, je vole, je glisse, je dérape, je me jette dans le fossé ! J'ai envie de crier de joie, de danser, de faire le singe dans les branches. En une fraction de seconde pourtant, ma petite voix intervient pour me ramener à la raison. *Du calme, Joseph, du calme. La partie n'est qu'à moitié gagnée : il reste ton copain Jo...*

Aucun risque que je l'oublie : je reste bien conscient que je n'aurais pas réussi sans lui. Ce petit bonhomme légèrement rondouillard, à peine plus costaud que moi finalement, a mérité la liberté autant que moi. Je me couche à plat ventre dans les herbes et j'étudie l'espace qui nous sépare. L'équivalent d'une cour d'école. Si un gendarme, du haut d'un mirador, jette un œil de ce côté-là, c'est fichu, et je ne distingue que des silhouettes là-haut, je n'arrive pas à voir de quel côté les gardiens se tournent. Il va donc falloir jouer la chance. Jo me regarde, à l'affût du moindre signe. J'agite la main de lui vers moi.

Il bondit comme un cabri. En moins de temps qu'il n'en faut pour le dire, il est déjà couché à mes côtés, suant, haletant, franchement mal en point, mais libre et vivant ! Aucun bruit inquiétant ne nous parvient du camp. Les gendarmes ne nous ont pas vus, ou ils n'ont pas voulu nous voir, on s'en fiche. Jo reprend son souffle et me tend la main.

— On l'a fait, Joseph ! On l'a fait !

— On l'a fait, mais dans quel état tu es !

Il éclate de rire.

— C'est l'hôpital qui se fout de la charité !

Quelle heure peut-il bien être ? Nous avons commencé à nous faufiler à travers les barbelés quand la cloche du repas a sonné. Maintenant, le soleil est déjà beaucoup moins haut dans le ciel et la chaleur a nettement baissé. Ce doit être la fin de l'après-midi. Il nous a donc fallu au moins cinq heures pour venir à bout de ce réseau de ronces de métal. Combien de mètres avons-nous parcouru ainsi ? Au moins quinze, j'en suis sûr, peut-être plus.

— Joseph, il faudrait pas traîner ici trop longtemps, tu sais.

— Je sais. Pfff... Je suis crevé.

— Allez viens, écartons-nous un peu...

Du fossé où nous sommes allongés, on aperçoit un chemin, une centaine de mètres plus loin. Les arbres du bosquet devraient nous cacher jusque là-bas. Nous nous risquons donc à avancer un peu. À peine avons-nous mis le pied sur la route que des pas résonnent dans notre dos. Les gendarmes sont mieux chaussés que nous, tant mieux : nous les avons repérés. Nous nous jetons à nouveau dans les fourrés en retenant notre souffle jusqu'à ce que les deux hommes soient hors de notre vue, et nous hors de la leur... Ils font leur ronde, ils rentreront bientôt voir leur chef pour lui faire leur rapport : rien à signaler ! Nous poussons un demi-soupir de soulagement : nous nous doutons bien que nous n'avons pas fini de connaître ce genre de frayeur.

— Jo, tu sais où aller, toi ?

— Avant la guerre, je suis parti en vacances dans un village pas loin d'ici, chez des gens vraiment très chouettes. Je suis sûr qu'ils nous accueilleront.

— C'est des Juifs ?

— Ben... Non. Pourquoi ?

— Laisse tomber. Tu sais où ils habitent au moins ? Je veux dire... D'ici, tu sais comment y aller ?

— Je me souviens du nom du village, Lorris. Si on remonte la route, on finira bien par tomber sur un carrefour avec des pancartes.

— Mais ce village, il est loin ?

— Ah ben ça... J'en sais rien.

Je n'ose pas lui dire que son idée n'est peut-être pas la bonne. Qu'on n'est pas sûrs de pouvoir faire confiance à ces gens même s'ils l'ont accueilli il y a plusieurs années. Un mot, un seul, résonne dans ma tête écorchée depuis que nous sommes sortis du camp : liberté. Avant d'entrer au Vél'd'Hiv, puis à Beaune-la-Rolande, je n'avais même pas envisagé que l'on veuille m'en priver. Je considérais que la liberté était mon droit, ma propriété. Je pensais qu'étant né en France, je faisais automatiquement partie du peuple français. Je viens de découvrir que je fais d'abord partie du peuple juif, que je le veuille ou non.

Nous jetons la deuxième épaisseur de nos vêtements. Ceux que nous portons à même la peau sont presque aussi déchirés. Nous arrachons l'étoile jaune et l'accroc qui reste dans le tissu est à peine visible sur nos chemises en lambeaux. Nous sommes deux animaux traqués désormais. Comme une bête, je n'écoute que mon instinct. Il me dit *cache-toi, tu n'es pas le bienvenu ici. Tes parents ne sont pas chez eux en France, d'ailleurs tu vois, on les a envoyés au diable. À peine ont-ils été tolérés pendant quelques années. De ta mère, tu as hérité tes jolies boucles brunes, de ton père tes yeux gris-vert. Mais de leur union, de tes deux parents ensemble, tu as hérité du statut des Juifs. Tu n'es que le fils d'un pauvre couple d'immigrés polonais qui ne seront jamais naturalisés français. Ils ne sont pas d'ici, donc toi non plus.*

Et Jo pas davantage. Mais qu'est-ce qu'on peut bien faire, tout seuls dans une forêt, sans rien à manger, rien à boire ?

– Écoute Jo. La nuit va bientôt tomber et sur la route, on risque de croiser d'autres gendarmes, ou même des paysans. Tu vois la forêt là-bas ? On ferait mieux de s'y mettre à l'abri. Avec un peu de chance, on trouvera des mûres à grignoter. Et on décidera de ce qu'on fait.

Il me suit. Nous courons jusqu'aux arbres et nous nous enfonçons dans le bois en longeant un sentier. Alors que l'obscurité s'intensifie, nous sentons tomber sur nous toute la fatigue des semaines passées. Toute la tension que nous avons contenue alors que nous écartions les barbelés, tremblant à l'idée d'être repris, se relâche enfin. Nous n'avons même plus faim finalement, ni soif, ni peur. Nous ne ressentons et nous n'éprouvons plus quoi que ce soit. Des chênes se dressent, imperturbables, bien au-delà de nos pauvres têtes. Nous nous calons dans un berceau de racines et nous plongeons dans un sommeil sans rêves.

Ce n'est pas rien, pour un gamin de Montmartre, que de passer une nuit à la belle étoile. Chez nous en été, quand on ouvre la fenêtre, on n'entend que les bruits de la ville. Ils ressemblent à ceux de la journée, sauf qu'ils sont moins forts et que les enfants sont couchés. À l'aube, j'ouvre les yeux et je ne reconnais rien. Il me faut quelques secondes pour comprendre où je suis et qui est ce garçon, étendu, là, juste à côté de moi. J'ouvre grand mes oreilles. La forêt mène une vie propre la nuit, et je découvre qu'elle est terriblement bruyante. Ça grince, ça couine, ça craque dans tous les coins. Il y a quelque chose d'inquiétant dans cette atmosphère de conte, mais je me sens déjà bien moins angoissé que dans le camp, lorsque les enfants pleuraient dans leur sommeil, sans jamais trouver le repos. Je pense à mon père. Je lui parle en secret pendant que Jo dort encore.

« Tu te souviens, papa ? J'avais, quoi ? Allez, sept ans peut-être. J'avais quitté la maison. Oui, j'étais parti, tout seul ! J'étais dans une colère noire. Je détestais le monde entier ce jour-là, et toi le premier, ou maman, je ne sais pas. D'ailleurs, je ne sais même plus ce qui m'avait mis dans cet état-là. Je me rappelle juste le sentiment d'injustice terrible qui me soulevait le cœur. On s'était disputés à la maison, on avait crié, j'avais même pleuré, mais il n'y avait pas d'issue. Alors j'avais claqué la porte avec une rage folle. Et dans ma tête, c'était définitif ! Je ne mettrais plus jamais les pieds dans cette maudite turne où l'on me comprenait si mal. Non, non, papa. Ne me fais pas dire ce que je n'ai pas dit. Cette turne où l'on me comprenait si mal, pas où l'on me traitait si mal... N'empêche. Me voilà dehors, furibard. Je marchais, je marchais, toute la colère qui me serrait la poitrine et m'empêchait de respirer descendait dans mes jambes, j'aurais pu faire le tour de la Terre sans m'arrêter, j'en étais convaincu ! J'ai commencé par faire le tour du quartier, mais je ne pouvais pas avancer assez vite, et ça m'agaçait encore plus. Trop de gens sur les trottoirs, trop de gamins, trop de marchands de patates. Je me suis dirigé vers le parc Monceau. Là-bas, je me disais, je trouverais un espace à ma mesure. C'est les beaux quartiers, les avenues sont larges, les immeubles ont cinq ou six étages, tous, et de belles façades avec des sculptures pas possibles. Là-bas, c'est chez les riches, et les riches emportent des goûters copieux au parc l'après-midi, tellement copieux qu'ils n'arrivent pas à tout manger, alors ils partagent. Ils partageront avec moi, un peu, s'ils le veulent, et s'ils ne le veulent pas tout de suite, je leur parlerai, je les ferai rire, je les séduirai, ils céderont. Et s'ils ne cèdent pas, je ferai le coup de poing, j'ai pas peur de faire le coup de poing, moi. Toute cette rage qui fourmille dans mes jambes, je dois pouvoir en garder un peu pour la faire glisser dans mes mains.

» Je me voyais grand, tu sais papa, je me voyais fort, je n'avais peur de rien. Mais cette nuit, là, maintenant, couché sous mon arbre, je sens bien que je suis tout petit...

» Tu te souviens, papa ? Tu m'as retrouvé boulevard des Batignolles. Je m'étais approché d'une fontaine Wallace pour étancher ma soif. J'avais saisi le gobelet de métal qui pendait au bout de la chaîne, je l'avais rempli d'eau, et je l'approchais déjà de mes lèvres quand j'ai senti ta main sur mon épaule. Et aussitôt, ta voix, douce, paisible, sereine : "Ne bois pas ça, mon petit. Tu vas attraper des maladies. Tu sais, tous les clochards boivent à ce même gobelet..."

» Je t'avais quitté pour toujours mais tu posais encore sur moi la couverture chaude, rassurante et protectrice de ton amour. Ma colère est retombée d'un coup. Nous sommes rentrés à la maison main dans la main. Je me sentais bien un peu ridicule, de capituler si vite, mais j'avais remporté une victoire aussi. J'avais gagné une promenade avec toi, côte à côte, par les rues de Paris. Ça ne nous arrivait pas si souvent.

» Est-ce qu'au moins je te reverrai, papa ? Est-ce que je pourrai te raconter ce qu'on vient de faire, Jo et moi ? Est-ce que tu me croiras ? Moi-même, j'hésite un peu ! »

— J'ai faim ! Je boufferais des glands tellement j'ai faim !

— Si on essayait plutôt de trouver un morceau de pain ?

— Joseph, on n'a pas de tickets, je te rappelle...

— On a encore mieux que ça, tu te souviens ? Trois billets de cent francs, bien au chaud dans ma chaussette !

C'est le matin. Nous longeons le sentier qui traverse le bois, à une distance prudente toutefois : personne ne se promène avec insouciance par les temps qui courent, mais nous craignons les patrouilles de gendarmes et, qui sait, les Allemands. Arrivés à la lisière de cette petite forêt, nous apercevons un hameau à quelques centaines de mètres. Nous fonçons. Une pancarte nous renseigne sur le nom de ce village : Boiscommun. À l'évidence, les habitants manquent d'hospitalité pour les occupants allemands, ou bien ils ont tous déserté. Il fait déjà grand jour mais les portes des maisons sont toutes fermées. Même les volets restent hermétiquement clos. Il faut pourtant croire que la chance a décidé de nous sourire : une boulangerie vient de lever son rideau, nous nous y engouffrons pour ressortir aussitôt, des brioches et des petits pains plein les mains. L'argent que nous avons proposé à la vendeuse ne l'a même pas surprise, pas plus que nos tenues débraillées et nos minois crasseux. En revanche, une bande de gamins que nous croisons à la sortie de Boiscommun s'intéresse un peu trop à nous, semble-t-il. Ils sont cinq ou six, de notre âge à peu près, et ils commencent à nous prendre en chasse. Nous accélérons, ils nous jettent des pierres ! Jo me presse de courir plus vite, mais je pense quant à moi qu'il vaut mieux les affronter avant que ça tourne mal et qu'ils alertent tout le département. Je fais demi-tour et m'avance vers eux.

— Salut ! Qu'est-ce que vous voulez ?

Mon aplomb, associé à mon franc sourire, les désarçonne déjà.

— Ben... rien.

— Puisque vous nous suivez... Vous cherchez des copains ? Moi, c'est Joseph, et mon pote, là, c'est Jo.

— Bohémiens ?

Cette fois, mon sourire n'a rien de forcé. Ils ont beau sortir des jupes de leur mère, ces enfants sont à peine mieux habillés que nous, et en tout cas pas plus propres ! D'instinct, je sens que j'ai tout intérêt à en rajouter dans mon côté parigot. Je pense avec dédain que j'ai les moyens de les impressionner, ces petits péquenots qui nous interrogent avec méfiance...

— D'où don' que vous venez tous les deux comme ça ?

— On arrive de Paris. Nos parents nous ont envoyés pour les vacances. Vous comprenez, par chez nous, ça canarde sec en ce moment.

— Ça canarde ? De quoi qu'tu parles ?

— Ben, les avions, les bombardements quoi !

Ils ouvrent des yeux gourmands. Si je joue bien mon jeu, ils nous prendront bientôt pour des héros.

— Tous les soirs ou presque, la sirène retentit dans toute la ville.

J'imite le bruit, les mains en entonnoir autour de ma bouche, et j'encourage Jo à en faire autant. Les gosses sont suspendus à nos lèvres.

— Dès que ça commence, on descend dans les caves. Sauf quand on en a trop marre.

— Z'avez don' pas peur ?

— Bah, c'est nos mères surtout qui ont la trouille... Donc quelquefois, on se met à la fenêtre, et on regarde les avions qui foncent sur les faubourgs.

Jo apprend vite : les bras en croix, il se penche d'un côté puis de l'autre pour imiter les bombardiers.

— Tatatatatata ! Brrrraoum !

— Donc vous comprenez, comme ça pète de tous les côtés et qu'on peut pas tellement dormir tranquilles, nos parents ont pensé qu'on serait mieux ici.

Ils acquiescent tous, bouche bée.

— On va par là. Vous venez avec nous ?

Jo me jette un regard noir. Il est pressé de nous

débarrasser d'eux. Moi, je pense au contraire qu'ils forment une escorte plutôt rassurante. Si on croise des gendarmes, à supposer que notre fuite ait été découverte au camp de Beaune-la-Rolande, ils ne penseront pas que nous nous cachons parmi les garçons du village voisin. De toute façon, ils se lassent vite de la promenade et décident de rebrousser chemin. On se sépare gaiement.

— À une prochaine peut-être !

Je me demande bien ce qu'ils vont raconter ce soir autour de la soupe...

Une fois remis de nos émotions, nous rions de notre petite aventure, Jo et moi, mais nous sommes conscients qu'elle aurait pu se terminer de façon plus dramatique. Une pancarte indique le chef-lieu de canton, Lorris, à dix kilomètres. C'est bien la direction à prendre pour aller chez les amis de Jo. Rassasiés, mais pas franchement reposés après nos efforts de la veille, nous décidons de nous cacher sur le côté de la route jusqu'au lendemain pour ne plus nous faire repérer. Nous reprendrons notre chemin à l'aube, encore couverts par l'obscurité, quand les enfants du bled — et les gendarmes — ne traîneront plus dans le coin.

Après une deuxième nuit à la belle étoile, nous avons tourné et viré sans fin dans la campagne afin d'éviter les routes et même les sentiers les plus fréquentés. Toute la journée, nous avons marché, quelques haltes mises à part, craignant souvent de nous être égarés. Mais une fois arrivés à proximité de Lorris, Jo a retrouvé le chemin de la maison de ses amis comme s'il y était venu la veille. C'est une petite ferme, un peu à l'écart du village, dans un minuscule hameau. La mère et le fils sont seuls, ils reconnaissent mon ami et nous font entrer avec inquiétude.

– Vous savez que tout le monde vous cherche dans la région ? Asseyez-vous. Je vous sers une soupe, et vous filez !

Je n'en reviens pas. Cette femme, cette mère de famille, qui connaît Jo depuis des années, est sur le point de nous mettre dehors alors que la nuit va bientôt tomber ! Nous lui avons tout raconté, depuis le Vélodrome d'Hiver jusqu'au train qui a emporté nos parents. Elle sait que nous risquons à tout moment d'être repris, mais elle ne veut rien faire pour nous aider. Elle n'imagine sans doute pas les conditions de vie dans le camp de Beaune. Elle croit peut-être que nos parents nous attendent confortablement installés dans un endroit aménagé pour nous quelque part au-delà des frontières. Elle ne pense peut-être rien du tout, elle craint juste pour sa sécurité et celle de son fils. Il est même probable qu'elle ne veut tout simplement pas avoir d'ennuis. Qu'importe ! Nous avons déjà passé deux nuits dehors, et elles sont fraîches dans la région, nous avons marché pendant des heures aujourd'hui, nous sommes seuls dans une campagne que nous connaissons mal, les gendarmes nous cherchent, et elle ne veut rien faire pour nous ! Une nouvelle fois depuis le départ de mes parents, je me sens terriblement seul et j'ai la sensation que c'est définitif. Avant qu'il m'emmène chez eux, j'ai pourtant demandé à Jo si on pouvait faire confiance à ces gens. Il était sûr que oui. Alors bien sûr, ils nous servent une soupe copieuse comme on n'en a pas mangé depuis des semaines. Ils nous aident à nous débarbouiller, ils nous offrent même une chemise propre à chacun. Mais ces efforts me semblent dérisoires face à tout ce dont nous avons besoin, viscéralement, depuis notre échappée : un lit, un toit, un sentiment de sécurité le temps d'une nuit. Une nuit au moins…

Nous nous retrouvons dehors, les épaules basses, découragés pour la première fois depuis notre évasion. Nous ne voulons pas dormir dans un fossé ou sous un arbre à nouveau. Fini de fanfaronner. Nous sommes des enfants après tout. Rien que des enfants. Nous demandons un lit, nous demandons la protection d'une personne adulte et bienveillante, nous demandons le repos. C'est trop ? Il faut croire que oui. À la première porte à laquelle nous toquons, personne ne répond. À la deuxième, on nous oppose un refus gêné. À la troisième, on nous renvoie en maugréant. À la suivante, on ne nous ouvre même pas. De la lumière filtre pourtant à travers les volets.

Enfin, une femme nous fait entrer chez elle. En quelques mots, nous expliquons la situation : que nous sommes seuls, que nous n'avons plus personne, que nous sommes fatigués. Qu'on aimerait juste s'allonger quelques heures et qu'on repartira le lendemain matin, promis. Nous ne disons évidemment pas que nous sommes juifs et nous mettons en avant toutes les bonnes manières dont nous sommes capables. Notre hôtesse ne sourit pas, elle ne semble pas hostile non plus. Mais quand nous nous taisons enfin, elle enfile simplement un gilet et nous entraîne dehors en nous tenant chacun par une main.

— Venez les enfants. Je sais qui va s'occuper de vous.

Nous comprenons trop tard : elle nous a emmenés chez les gendarmes. Jo et moi échangeons un regard désespéré. C'est fichu. Tout ce que nous avons fait, c'était pour rien. Dans une heure peut-être, au pire demain matin, on nous ramènera dans le camp de Beaune-la-Rolande. Nous serons à nouveau enfermés comme des chiens, à nouveau affamés, à nouveau soumis à la bonne volonté des Allemands auxquels nous serons livrés sous peu, comme nos parents l'ont été.

Sur les deux hommes en uniforme présents, l'un semble ravi de nous voir arriver.

— Merci madame, vous avez bien fait de les amener ici ! Allez, mes garçons, nous n'avons pas de cellule, mais il y a un coin par ici. Ça s'appelle le trou du vagabond…

Il nous prend par le bras et nous entraîne jusqu'à la petite pièce. Et une fois seul avec nous, il nous annonce doucement :

— Je vous ai compris. Reposez-vous un peu et vous verrez, demain, la porte sera ouverte. Il y a un car tous les matins pour la gare de Montargis, et de là, le train pour Paris…

Je tombe dans les bras de Jo, nous pleurons comme des Madeleine. Ce type, nous ne le croyons pas ! Il est aussi mauvais que cette vieille vache qui nous a conduits jusque-là. Nous sommes décidément perdus : ce coin de France ne recèle donc aucun adulte que n'anime pas la haine des Juifs ? Épuisés, nous nous endormons, les joues encore mouillées de larmes. Après quelques heures de sommeil, j'ouvre un œil et je me redresse. Ma petite voix me parle, légère et complice.

— *Allez Joseph, va jeter un œil, qu'est-ce que tu risques ?*
— *C'est bon, je sais bien qu'elle est fermée à clé, cette fichue porte.*
— *Tu n'en sais rien ! Tu n'as même pas essayé de l'ouvrir.*

Je me lève presque malgré moi. Je me traîne jusqu'à la grille et en effet, elle cède. Je la pousse un peu plus, toujours incrédule. Je m'attends à ce que les gendarmes surgissent, le bâton levé. La cour est vide pourtant... Je réveille Jo qui sursaute. Nous bondissons de joie, nous jaillissons hors de ce trou ! L'air est doux... Mais allez, pas question de traîner. Il faut repérer l'arrêt de l'autocar pour Montargis.

Nous le trouvons rapidement, mais nous nous approchons en tremblant : les gendarmes sont là aussi. Ils nous attendent, dirait-on. Et ce sont les deux mêmes qu'hier ! Nous patientons tous les quatre sans dire un mot jusqu'à ce que le bus arrive. Le véhicule apparaît enfin dans la rue et s'arrête devant nous. Le chauffeur prévient les hommes en uniforme.

— C'est complet. Je ne peux plus prendre personne.

— Dans ce cas, faites descendre deux voyageurs et laissez monter ces enfants. Ils doivent absolument prendre le premier train pour Paris.

— Mais je vous dis que c'est complet ! Ils n'ont qu'à attendre celui de cet après-midi !

— Et moi je vous dis qu'ils doivent monter maintenant…

Je trouve une place vers l'avant, Jo se cale quelques mètres derrière moi. Nous nous faisons tout petits, conscients que la chance pourrait tourner à tout moment. Nous ne sommes pas encore tirés d'affaire, mais ces deux hommes, au moins, ont fait tout ce qu'ils pouvaient pour nous rapprocher de notre but.

Je les ai bien regardés, les yeux noyés de reconnaissance, en montant dans le car, mais j'avais encore trop peur du chauffeur et des passagers pour dire quoi que ce soit. Même pas un petit merci. J'espère qu'ils ont compris.

– 6 –

ERRANCE PARISIENNE

— Tu pars de quel côté ?
— J'ai de la famille à Ménilmontant. Je vais voir s'ils peuvent me prendre. Et toi ?
— Ben, j'en sais rien. Moi, j'ai plus personne.
— Viens avec moi !
— Non, je préfère rentrer chez moi quand même. Tu te souviendras ? Joseph Weismann, 54, rue des Abbesses. On se reverra ?
— J'espère, mon vieux. Bonne chance en tout cas.

Dans l'autocar, puis dans le train, nous avons tremblé de peur qu'on nous demande nos papiers, puisque, évidemment, nous n'en avons pas. Maintenant nous sommes sur le parvis de la gare d'Austerlitz, la même d'où nous sommes partis le 20 juillet, il y a déjà plus de trois semaines, et nous tremblons encore. Ce n'est plus la forêt qu'il faut traverser, ni un village peuplé de gamins agressifs, mais pire que ça : à tout moment, nous pouvons croiser des policiers et des soldats allemands armés jusqu'aux dents. Qu'est-ce qui se passera s'ils nous interpellent ? S'ils nous demandent ce que nous fichons dans la rue, à galoper comme si nous avions le diable à nos trousses ? Qu'est-ce que je dirai s'ils me demandent comment je m'appelle ?

Je regarde Jo filer vers la Bastille, je remonte les quais dans l'autre sens. Cap sur le nord, je me retrouve vite sur l'île de la Cité. Je contourne les Halles, j'enfile le boulevard de Sébastopol et déjà j'aperçois le Sacré-Cœur. Je le vise, je ne le perds pas des yeux, comme s'il était le but ultime à atteindre, le foyer protecteur. Je sais bien que c'est un leurre, que personne ne m'attend. Pourtant, je n'ai qu'une idée : faire le chemin du retour jusqu'au bout, jusqu'à la porte de chez moi. Je veux la toucher du doigt, boucler la boucle, revenir au point de départ et tout recommencer. Avant la rafle, je l'ai franchie si souvent, et presque toujours d'humeur joyeuse. Qu'on me donne un cahier, un crayon, et je prendrai le temps de poser l'opération : je saurai calculer le nombre de fois où je suis sorti, mon cartable sur le dos, pour aller à l'école de la rue Lepic. J'ajouterai les jeudis, les dimanches et les jours de vacances, et j'aurai le compte pour chaque année, que je multiplierai par onze, comme autant d'années vécues là en toute insouciance… Je saurai dire combien de samedis je suis passé par là pour aller à la synagogue, en râlant davantage ces jours-là, c'est vrai…

Je franchis le seuil du 54, rue des Abbesses. Aujourd'hui, la petite marchande de fleurs n'est pas là. Sinon, rien n'a changé. La porte de la concierge est fermée. Je ne m'attends pas à voir le rideau bouger : madame Auger n'a rien d'une commère, elle ne surveille pas les allées et venues des habitants de l'immeuble, sauf la nuit. Je traverse rapidement le premier bâtiment, puis la cour, et je pénètre dans la cage d'escalier. Je retiens mon souffle. Je monte, lentement, un étage, puis un autre, jusqu'au quatrième. Une fois devant la porte de l'appartement, j'appuie la paume de ma main contre son bois. Les cachets de cire que les policiers ont posés avant de partir n'ont pas bougé non plus. Je n'avais pas vu quel tampon ils avaient apposé : une croix gammée. À quelques centimètres de ce petit dessin rudimentaire, à la portée d'un enfant de cinq ans, se trouve la *mézouzah* que maman ne manquait jamais de toucher du bout des doigts en sortant de l'appartement, plaçant ainsi son foyer sous la protection de Dieu. Le 16 juillet, est-ce qu'elle en a eu le temps ? Je ne me souviens pas, notre départ est déjà flou dans ma mémoire.

Je ne m'attarde pas à pleurnicher sur le palier. Je sais que ça ne sert à rien. D'ailleurs, les larmes ne montent pas. Je sens bien quelque chose de lourd dans ma poitrine, un poids qui m'oppresse et me coupe la respiration. C'est la nostalgie, déjà. Je la devine, même si je ne connais pas encore le mot. Tapie quelque part en moi, elle se tient prête à m'assaillir, en embuscade dans mon cœur. Je verrai, plus tard peut-être, si j'ai le temps, si je trouve des conditions de vie assez confortables pour que cette drôle de chose que je ressens puisse s'exprimer... Mais là, il n'en est pas question. Une espèce d'urgence me pousse déjà dehors. L'appartement est vide, personne ne m'y attend. Quand nous nous sommes retrouvés au Vélodrome d'Hiver, maman se reprochait d'avoir oublié son porte-monnaie sur une chaise, près de l'entrée. Au moment où les deux types nous avaient dit de nous préparer, elle avait commencé par rassembler le peu de sous qu'elle gardait quelque part dans l'armoire de sa chambre. Elle avait posé là son porte-monnaie, sur un siège, pensant certainement qu'elle le ramasserait en partant et qu'elle le glisserait dans la poche de son manteau... Le regard perdu sur la piste du vélodrome, elle a répété plusieurs fois, je m'en souviens :

— Comme je suis bête ! J'ai oublié de prendre l'argent !

Elle n'en aurait rien fait de toute façon. Elle l'aurait remis aux jeunes miliciens qui nous ont pillés dans le camp, ou bien elle l'aurait jeté dans un seau d'excréments, comme ces trois billets que j'en ai retirés. Personne n'est entré chez nous depuis le 16 juillet, le porte-monnaie est toujours posé sur la chaise, je rassure maman.

— Tu n'as pas de raison de t'en vouloir. Cet argent t'appartient, tu le retrouveras en rentrant...

J'effleure la *mézouzah* avant de redescendre. L'objet ne signifie rien pour moi. Il représente un rouleau de parchemin et ce qui est écrit dessus en caractères hébraïques, je l'ignore. Notre appartement se trouve-t-il vraiment sous la protection de Dieu parce que ce morceau de papier est accroché là ? J'en doute déjà. Seulement sur le quai de la gare à Beaune-la-Rolande, dans les cris, les larmes, dans la fureur générale, je n'ai pas dit au revoir à maman. Toucher la porte de chez nous, caresser la *mézouzah*, c'est une façon de lui parler maintenant. Une façon de lui dire tu vois, je suis rentré, tout va bien pour moi.

Dans l'escalier, je croise un homme qui habite au cinquième étage, juste au-dessus de chez nous. Son visage s'éclaire.

— Joseph ! Joseph, c'est bien toi ! J'étais sûr que tu reviendrais !

Je me sens tout bête face à ce monsieur qui me semble déjà bien vieux – il doit avoir une cinquantaine d'années – et qui paraît si heureux de me voir alors que je l'ai toujours soigneusement évité : il est grand, costaud, il est plombier, il m'intimide...

— J'étais sûr que tu reviendrais parce que j'ai vu ton haricot, à ta fenêtre ! Il n'a pas cessé de pousser, et même, il fleurit maintenant...

Je bredouille un *merci monsieur* et je file sans demander mon reste. Est-ce que je peux lui faire confiance, à celui-là ? Évidemment, il a l'air bien brave en l'instant présent. Mais quand on nous a emmenés, mes parents, mes sœurs et moi, quand on nous a sommés de monter dans l'autobus réquisitionné par la police, arrêtés comme des voleurs à l'étalage, comme de vulgaires voyous, où était-il ?

Il paraît tout gentil, mais je me souviens de cette femme, l'autre jour à Lorris, qui nous a ouvert sa porte à Jo et à moi. Elle avait l'air bien bonne, elle aussi. Jusqu'au moment où elle nous a livrés aux gendarmes... Je file, je passe devant la loge de la gardienne. Je lui ai fait quelques courses par le passé, je lui ai rendu de menus services, mais se soucie-t-elle d'un enfant comme moi ? Prendrait-elle le risque de garder sous son aile un gosse de Juifs ? Je ne veux même pas le savoir. Chez qui est-ce que je pourrais donc me réfugier ? Chez mon ami Charret, le fils du cordonnier ? Il n'y a pas si longtemps, j'étais chez lui, dans la cuisine derrière la boutique. Un gros sac de patates était posé sur le sol, je salivais d'envie, ils ne m'en ont même pas donné une seule ! Je me retourne et lève les yeux vers la fenêtre : le haricot a monté en effet, de trente centimètres au moins. J'en déduis seulement qu'il a dû pleuvoir pas mal à Paris depuis qu'on est partis...

Alors que je me retrouve seul dans la rue, je cherche une solution de façon plus méthodique : voyons, si papa pouvait me souffler un mot dans l'oreille, que me conseillerait-il ? La rue Cauchois bien sûr ! Le café du père Fabri ! Il y a quelques semaines encore, quand nous étions devenus indésirables partout dans notre propre ville, il nous accueillait, malgré notre étoile jaune.

En cette belle journée d'été, la porte est grande ouverte sur la rue. Derrière son comptoir, le patron fait des yeux ronds en me voyant.

— Joseph ! Entre vite, mon grand !

C'est le début de l'après-midi, il n'y a personne dans le café. Il referme la porte derrière moi, m'attrape par les épaules, prend mon visage entre ses mains, comme pour vérifier que c'est bien moi.

— Joseph, tu es tout seul ?

— On a tous été arrêtés. Papa, maman, mes sœurs et moi.

— Oui, je sais. Enfin, je le sais maintenant. Trop tard malheureusement. Ils ont raflé plus de dix mille Juifs à Paris.

— Je les ai vus. On était tous ensemble au Vélodrome d'Hiver.

— Et tes parents, tes sœurs, où est-ce qu'ils ont été emmenés ?

— D'abord dans un camp, à Beaune-la-Rolande, et puis après, on les a fait monter dans un train en disant qu'ils allaient à la frontière, en Allemagne, ou en Pologne, en fait on ne sait pas trop. Je n'ai pas pu aller avec eux. Après, je me suis enfui.

Le père Fabri en reste muet. Il tire le verrou sur la porte et me pousse vers l'arrière-cuisine.

— Tu dois avoir faim. Viens, je vais te faire réchauffer une soupe. Une soupe de navets, tiens ! Il m'en reste quelques belles assiettées. Assieds-toi, tu vas tout me raconter.

Je me suis adressé à la bonne personne. Tout le temps que dure mon récit, ce brave homme secoue la tête de droite à gauche en soupirant que c'est pas Dieu possible. Pourtant, je me tais sur les points les plus pénibles, pas tant pour l'épargner, lui, que pour me ménager, moi. Et puis je suis éreinté. Pour la première fois depuis que je suis sorti du camp de Beaune-la-Rolande avec Jo, j'ai enfin le sentiment de pouvoir relâcher mon attention. Seul avec le père Fabri dans sa cuisine, je m'autorise quelques larmes.

— Écoute mon grand. On va s'organiser. Pour commencer, il me reste une chambre là-haut, dans l'hôtel. Tu vas aller te reposer.

J'ai dormi comme un loir. Mais quand le père Fabri me réveille, à 7 heures le soir, je n'aime pas la gravité de son visage.

— Joseph, je suis désolé, je ne peux pas te garder ici.

En une fraction de seconde, je comprends : voilà, lui aussi, il a peur d'avoir des ennuis. Il me fiche dehors, comme les autres, et c'est déjà bien beau s'il ne me ramène pas au commissariat.

— Joseph, il y a un registre pour l'hôtel, il est contrôlé tous les jours. Mais ne t'inquiète pas : j'ai trouvé une dame très gentille qui va t'accueillir chez elle. Je lui ai tout raconté, elle t'attend.

Je pousse un énorme soupir de soulagement. Il ne me renvoie donc pas à la rue. Il ne m'a pas dénoncé. Main dans la main, comme un père et son fils, monsieur Fabri et moi partons à l'assaut du Sacré-Cœur, direction la rue Saint-Rustique. Nous entrons dans une petite maison toute de guingois. Le rez-de-chaussée est séparé en deux appartements, nous frappons à la porte de gauche. Il me laisse là, aux bons soins d'une femme qui semble disposée à tout faire pour m'aider. Elle a aménagé un lit dans une alcôve, je m'y blottis aussitôt. Pendant une semaine pleine, je vais rester là, sans bouger, sans sortir dans la rue une seule fois. Je ne sens pas la chaleur ni les fourmis dans mes jambes. Je n'éprouve aucune colère, aucune envie d'en découdre. L'immobilité me convient. Je crois que je pourrais attendre ici sans rien faire jusqu'au retour de mes parents. Cette femme qui s'occupe de moi, je la vois à peine, même quand elle est là, présente dans la pièce. Est-ce à cause de mon silence qu'elle décide de se séparer de moi ? Un matin, elle m'annonce :

– Joseph, maintenant tu vas aller vivre à l'orphelinat de la rue Lamarck.

J'encaisse, sans dire un mot.

– Je ne t'abandonne pas. Tu seras plus en sécurité là-bas. Et je viendrai te voir, c'est promis.

Elle devait penser que j'avais besoin de me retrouver avec des garçons de mon âge. Et c'est vrai que je sors peu à peu de ma torpeur. Les premiers jours, j'observe le fonctionnement de ce nouveau camp : j'obéis aux consignes, je participe aux corvées collectives, je respecte les horaires de lever et de coucher, je dis bonjour monsieur le directeur et merci bien quand on me donne mon morceau de pain. Le temps de comprendre que nous sommes tous dans la même situation, tous malheureux d'avoir été séparés de nos familles, je commence à me confier aux autres. Un garçon de trois ans mon aîné, André Schwarz-Bart, vient me voir pour m'interroger.

— Tu étais à Beaune-la-Rolande, il paraît ?
— Oui. Toi aussi ?
— Oui, ils m'ont fait sortir parce que j'étais tuberculeux. Et toi ? Tu étais malade aussi ?
— Non. Moi, je me suis évadé.
— Ah ! C'était toi ? Vous étiez deux, c'est bien ça ? Vous êtes passés entre les barbelés ?

J'acquiesce. Il rit et se fâche à la fois.

— Ben mon vieux, tu peux te considérer comme un héros. Mais alors je te remercie pas ! Qu'est-ce qu'ils nous ont emmerdés à cause de vous ! Tu ne peux pas imaginer dans quelle furie ils étaient. Après ça, ils n'arrêtaient pas de nous compter et de nous recompter. On était tellement nombreux qu'ils n'arrivaient jamais à retomber sur leurs pattes, alors ils recommençaient. Et puis dès que l'un de nous s'approchait des barbelés, ça bardait sévèrement, crois-moi…

— Je te crois, je te crois ! Et je suis bien désolé pour toi et pour les autres. N'empêche, tu n'arriveras pas à me faire regretter d'être parti !

Petit à petit, mon histoire fait le tour de l'orphelinat. Dans ma tête, j'ai chassé les images les plus douloureuses, comme celle de mes parents arrachés au camp de Beaune-la-Rolande, le 7 août dernier, pour ne garder que celles de mon évasion deux jours plus tard. J'ai l'impression d'avoir gagné la guerre à moi tout seul. Les Allemands m'avaient réservé un sort que je n'avais pas choisi : le fait d'y avoir échappé, d'avoir tenu en échec tous les gardiens du camp réunis, me conforte dans l'idée que je leur ai joué plus qu'un mauvais tour. Je suis un petit gamin de onze ans seulement, un fils d'ouvrier tailleur polonais, je ne porte pas d'armes et je n'ai tué personne, mais j'ai gagné contre les brutes qui persécutent les Juifs.

Je n'ai pas livré beaucoup de détails aux autres garçons, je ne la ramène pas avec mes exploits. Je préfère les écouter se les raconter eux-mêmes, comme s'ils y avaient assisté. Ils en rajoutent, ils enjolivent, ils réinventent ma fuite, ils la revivent à ma place. Je me tiens coi, je joue le mystère et la modestie pour ne pas m'attirer les jalousies. Puisque mon statut d'évadé fait de moi un être à part, il transforme aussi tous mes camarades en complices, comme le directeur de l'orphelinat et tous ceux qui nous viennent en aide. Tous les jours, je me fonds dans la masse, ils resserrent les rangs autour de moi. On nous organise des sorties à la façon des scouts, même le curé du Sacré-Cœur nous prend sous son aile de temps en temps, histoire de nous faire prendre l'air. Il arrive aussi fréquemment que des Juifs turcs ou espagnols – neutres dans la guerre et donc pas inquiétés – viennent chercher un enfant pour la journée. Le gamin revient alors les poches pleines de bonbons et se conforme bon gré mal gré à la règle en vigueur : on partage avec les copains. Moi, je ne vais pas plus loin que la rue Saint-Rustique. Comme elle l'avait promis, l'amie du père Fabri ne m'a pas abandonné. Pas sûr pour autant qu'elle continue à me gâter encore longtemps : la dernière fois que je suis allé chez elle, nous sommes tombés sur le panier à salade au coin de l'orphelinat… Nous sommes retournés dare-dare dans son petit appartement. Elle tremblait comme une feuille à l'idée qu'on ait repéré notre allure vive de fuyards et que l'on vienne frapper à sa porte. Je comprends qu'elle ait peur, je ne lui en veux pas.

Nous nous rendons bien compte que les quelques adultes qui travaillent autour de nous font tout pour satisfaire nos besoins, mais cela ne suffit pas à apaiser nos peurs. Il y a beaucoup de cauchemars dans les dortoirs. Beaucoup de nuits interrompues par des cris que les enfants n'arrivent pas à retenir, tout à leur frayeur quand ils revivent, dans un sommeil traître, l'arrestation de leurs parents, ou pire encore. Pourtant, une fois réveillés, ils se croient en sécurité. Ils se trompent. On nous donne à manger et la maison est assez bien chauffée, mais nous sommes tous en danger. Les petites visites que les Allemands rendent régulièrement à l'orphelinat nous en fournissent la preuve à chaque fois : ils n'oublient jamais de repartir avec quelques-uns d'entre nous.

Les Allemands remplissent leurs cahiers de comptes avec minutie. Ils recensent les enfants juifs de Paris. Ils veulent savoir où ils se trouvent à tout moment pour pouvoir en disposer à leur guise. Plus personne ne se fait d'illusions sur leurs intentions : elles sont mauvaises. Quand un enfant est appelé dans le bureau du directeur, sommé de réunir ses affaires et de suivre ces messieurs chaussés de bottes d'ogre, il sait. L'un d'eux pleurnichait fort. C'était gênant devant les hautes autorités d'occupation. Une dame du centre lui a donc murmuré :

— Ne sois pas si malheureux, tu vas retrouver ta maman.

Le petit garçon a cessé de respirer, au bord de la panique.

— Z'êtes sûre ?

— Oui, ce sont les soldats qui me l'ont dit.

— Mais maman, elle est morte !

Est-elle décédée avant la guerre ? Ou bien ce gamin s'est-il fait à l'idée que sa mère était morte parce qu'elle n'était plus à ses côtés depuis des mois ? Je ne le saurai jamais, comme je ne connaîtrai jamais le sort de ceux qui sont partis avec lui. Je m'observe moi-même, à bonne distance, presque méfiant envers la personne que je suis en train de devenir. Mais est-ce que j'ai le choix ? Je n'ai qu'une idée en tête, sauver ma peau. Si j'étais resté dans le camp pour tenir la main à un plus petit qui avait tout perdu, où est-ce que j'en serais maintenant ? Jusqu'à ce jour, penser à moi et ne pas trop compatir aux souffrances des autres m'a plutôt bien réussi. C'est la loi de la jungle en somme, je m'y soumets. D'autant plus que les adultes de la maison protègent quand même leurs pensionnaires.

— Joseph, nous avons décidé de te placer dans une famille d'accueil.

— Bien, monsieur le directeur.

— Ce sont des gens très bien, tu verras. Ils ont une très bonne situation.

Je ne pose pas de questions, d'ailleurs ça ne servirait à rien. J'attends de voir à qui je vais avoir affaire.

Elle, je l'aime tout de suite. Elle est belle, élégante, raffinée, douce dans ses paroles comme dans ses manières. Et joyeuse avec ça. Son mari, avocat, passe peu de temps dans l'appartement bourgeois qu'occupe la famille : une enfilade de pièces qui n'en finit pas, toutes décorées de meubles délicats, avec des tapis moelleux au sol et des tentures lourdes aux fenêtres. Au quotidien, il y a là une vieille femme, la mère de Monsieur qu'on appelle « la grand-mère », et Léontine, la bonne, avec son bonnet sur la tête et son joli petit tablier toujours bien repassé... Une chambre a été aménagée rien que pour moi. Je me retrouve soudain à dormir dans un grand lit, comme un prince, des livres couvrent ma table de chevet, une lampe fragile et précieuse m'éclaire sans agressivité, et l'armoire est bien garnie : dès les premiers jours de mon installation chez eux, Madame m'a emmené chez son tailleur. Nous sommes descendus jusqu'à un sous-sol immense garni de rouleaux de tissus anglais, précieux et solides à la fois. On m'a fait faire une culotte de golf qui a dû coûter une fortune, je préfère ne pas savoir... Dans ma tenue des plus ridicules, je me promène la tête haute au bras de cette femme qui joue le rôle de ma mère. Nous ne portons pas l'étoile, nous sommes riches et beaux, nous ne craignons rien. Quelque part entre Clichy et Pigalle, nous sommes attirés par la démonstration d'Yves La Boulange qui soulève poids et haltères comme d'autres agitent leur mouchoir. Mon accoutrement ne le laisse pas insensible et, comme ses boniments constituent une bonne part du spectacle, il s'exclame assez fort pour être entendu jusqu'au sommet de la butte Montmartre :

— Alors mon p'tit bonhomme ! Te voilà en vadrouille avec ta culotte à chier dedans pendant huit jours !

Je voudrais me fondre dans le bitume et jusqu'au centre de la terre...

Le soir, il arrive que ma nouvelle famille reçoive. Léontine s'affaire en cuisine toute la journée, elle dresse une table somptueuse, des bougies se consument lentement dans les chandeliers, on sirote du champagne dans de drôles de verres qu'on appelle des flûtes... J'ai ma place à table, tout près de Madame qui me prodigue soins et tendresse à toute heure. Alors que je goûte du homard pour la première fois, la maîtresse de maison entreprend de raconter une blague aux convives.

— Figurez-vous que l'autre soir, mon amie Henriette a fait une drôle de farce à sa domestique. Elle lui a donné des homards à préparer, exactement comme ceux-là, et elle l'a mise en garde avec tout le sérieux du monde : *Attention ! S'ils deviennent rouges, ils ne seront plus bons.* Eh bien la pauvre fille a tout jeté à la poubelle !

Tout le monde rit aux éclats, et j'en fais autant pour les accompagner. Je n'ai absolument pas compris ce qu'il y avait de drôle à gaspiller autant de bonnes choses qui coûtent tellement cher, sans compter que ça ne me paraît pas très gentil de se moquer d'une cuisinière ignorante... La grand-mère a certainement compris que je fais davantage partie du petit peuple que des nantis. Elle me regarde d'un œil méfiant et n'apprécie pas beaucoup les honneurs dont on me gratifie.

Les semaines passent, je reprends confiance. La maîtresse de maison m'a demandé de l'appeler maman, je lui ai expliqué avec le plus de douceur possible que je réservais ce nom à ma vraie mère. Nous avons donc trouvé un compromis : elle est mamine... À ses côtés, je me sens redevenir un enfant normal. Jusqu'à ce que Léontine, un jour, vienne me chercher dans ma chambre.

— Joseph, la grand-mère veut vous voir.

Je me dirige vers le salon, sans inquiétude particulière. Sa belle-fille est là, visiblement contrariée, déjà inquiète à l'idée de ce qui va suivre.

— Joseph, me dit la vieille dame, debout, en appui sur sa canne... Joseph, tu m'as pris une biscotte.

— Comment ? Non, madame, je n'ai pas pris de biscotte.

— Je le sais bien : je les ai comptées, il en manque une. Pourquoi l'as-tu prise sans me demander ?

— Madame, je vous assure...

— Allons. Dis-nous que tu l'as volée et ce sera fini.

— Mais je ne peux pas vous dire ça puisque je ne l'ai pas prise !

S'ensuit une scène épouvantable. Tandis que je pleure sur cette accusation injuste, la maîtresse de maison pleure sur mon avenir : sait-elle que sa belle-mère a tramé son coup pour me faire jeter dehors ? Pense-t-elle que j'ai volé la biscotte et m'a-t-elle déjà pardonné ? En tout cas, dès le lendemain, je suis de retour à l'orphelinat de la rue Lamarck. Cette femme si douce ne viendra plus m'embrasser tendrement le soir dans mon lit, elle ne me tiendra plus la main dans les beaux quartiers, je ne lirai plus l'après-midi à son côté devant le feu de cheminée. Le conte de fées est terminé sans que j'aie pu faire la preuve de mon honnêteté. Je n'ai pas vu venir la machination de la part de cette vieille dame en robe noire, avec ses cheveux tirés en arrière et son air toujours tellement serein. On l'a négligée à cause de moi, elle m'a évincé. Me voilà seul au monde à nouveau. Je ne crains pas de devoir me passer d'un confort matériel auquel je n'ai pas eu le temps de m'habituer : c'est la tendresse de mamine qui me manque le plus. Le petit Joseph est peut-être un héros, un dur de dur recherché par les nazis de la Terre entière, il n'en a pas moins besoin d'amour.

Je me doute bien que je ne vais pas rester à l'orphelinat très longtemps : de tous les pensionnaires de la maison d'enfants, je suis certainement le plus encombrant. Peut-être le plus angoissant aussi : l'anxiété me ronge à l'idée d'être repris et renvoyé dans un camp, et je la propage inconsciemment autour de moi. Je bouge dans tous les sens, je veux être partout et tout entendre à la fois. Bien sûr, aucun des pensionnaires ne respire la sérénité, mais je figure parmi les plus inquiets.

Nouvelle destination : cité d'Orgemont, Argenteuil, Seine-et-Oise. Un couple a demandé à prendre un enfant. La bonne action, ça peut rapporter gros : l'UGIF, c'est-à-dire l'Union générale des Israélites de France, qui chapeaute les orphelinats, offre une compensation financière intéressante aux familles d'accueil. Cette fois, me voilà placé chez un cheminot au cœur aussi sec que son portefeuille. J'arrive chez lui avec les livres de Jules Verne que mamine m'a offerts. J'en repars huit jours plus tard délesté de mon trésor : il paraît que j'ai regardé une corbeille pleine de pommes ratatinées avec l'œil sournois d'un voleur potentiel... La propagande du gouvernement de Vichy a fait son œuvre : il semble que j'incarne désormais le péril juif à moi tout seul.

Quelques jours plus tard, deux autres garçons et moi sommes confiés à une famille résidant rue de la Pompe, dans le XVIe arrondissement. On a organisé le minimum nécessaire pour nous loger : un lit pour dormir, un couvert supplémentaire à table pour chacun. Nous n'en demandons pas davantage. Mais un après-midi, le fils aîné du couple, qui travaille à l'UGIF, alerte ses parents.

— On vous cherche, tous ! Tout le monde doit filer !

Tout le monde ? Mes amis et moi assistons, médusés, au spectacle de notre famille d'accueil qui boucle ses valises en quelques minutes, qui nous souhaite bonne chance et qui nous laisse là, dans les meubles, comme quantité négligeable.

— Qu'est-ce qu'on fait ? On s'en va, nous aussi ?

En ce qui me concerne, je n'hésite pas une seconde. Je dévale l'escalier, direction l'orphelinat. Mes camarades n'attendent pas longtemps pour m'imiter. Retour à la case départ.

Bientôt, une brave femme arrive d'une banlieue lointaine pour emmener trois enfants. Je suis désigné d'office pour faire partie du lot. Avec mes deux compères, nous voilà assis en face d'elle dans le bureau du directeur. Elle nous fait l'article.

— Chez moi les enfants, ce n'est pas encore tout à fait la campagne, mais on n'en est vraiment pas loin. J'ai une petite maison avec un jardin. Il y a des poules, des lapins, et juste derrière, un champ très vaste où vous pourrez vous amuser tant que vous voudrez.

Elle nous décrit si bien sa vie rurale que nous organisons un rapide conciliabule dans son dos :

nous sommes trois titis parisiens, nous n'avons aucune envie d'aller respirer du bon air. Un des copains prend les choses en main.

— Écoutez les gars. On part en train avec elle. Et au premier arrêt, au moment où les portes vont se refermer, on se tire !

Les deux autres se sauvent en effet, pas moi. Je ne tiens pas davantage qu'eux à me retirer de toute civilisation, mais je ne me sens plus en mesure de faire le difficile. Ça fait maintenant cinq mois que mes parents sont partis et que l'on reste sans nouvelles d'eux, comme de tous ceux qui ont pris le même train, ou celui de la veille, ou celui du lendemain… L'année 1942 touche à sa fin, pas la guerre. J'ignore combien de temps encore je vais devoir me cacher. Je sais seulement que chaque journée de plus est une journée de gagnée. Chez cette femme, j'ai peut-être des chances d'en enquiller quelques-unes et qui sait, de traverser cette sale période jusqu'à ce qu'elle s'achève.

La pauvre, elle est catastrophée par la fuite de mes deux camarades. Nous descendons du train à notre tour, elle se laisse tomber sur un banc de la station et me regarde.

— Tu restes avec moi, toi ?
— Ben… Oui madame.
— Tu te rends compte, quand même ? Ces gens-là, on veut les aider, ils nous laissent pas faire !

Ces gens-là ? C'est comme ça qu'elle parle de nous ? Ces gens-là ? Je suis donc ça, moi aussi, pour cette femme ? Je suis quelqu'un de *ces gens-là* ? Mon sang ne fait qu'un tour et ma petite voix, toujours fidèle, m'alerte illico : *Joseph, ça va encore mal tourner, file de là !*

Je prends le train dans l'autre sens, retour à l'orphelinat...

*
**

Le directeur de la maison de la rue Lamarck est au désespoir.

— Joseph, qu'est-ce qu'on va faire de toi ?

Cette fois, je ne réponds rien. Pas un mot. J'en ai ras-le-bol de cette vie-là. Je n'ai rien demandé à personne. Je n'ai pas demandé qu'il y ait la guerre, je n'ai pas demandé à être enfermé dans un camp, je n'ai pas demandé à être séparé de toute ma famille, je n'ai pas volé de biscotte, et puis je n'ai pas demandé à être juif, d'abord !

— Écoute, Joseph. Je vais voir avec l'orphelinat de la fondation Rothschild. C'est plus grand là-bas. Tu seras plus en sécurité.

S'il le dit...

C'est vrai que c'est plus grand. Une ville dans la ville, avec son école, ses cuisines, ses dortoirs, sa propre synagogue. Je suis né ici même, dans cet hôpital que je découvre. Des femmes viennent encore accoucher là avec leur étoile sur la poitrine. Elles ne savent donc pas que c'est dangereux ? Que ce morceau de tissu permet de nous attraper ? D'ailleurs, je ne comprends pas qu'on m'oblige encore à la porter, moi aussi. Pourtant, je vois bien qu'on ne me considère pas comme un banal pensionnaire. Je passe mes journées à bouquiner et à me promener dans les couloirs de l'institution, je traîne aux cuisines, je roupille contre les radiateurs. Un héros ne va pas en classe, à ce qu'on dirait. Et j'avoue, ça ne me manque pas !

C'est le directeur qui dit la prière, le samedi à la synagogue. L'occasion pour moi de faire des jaloux : il me prend sous son châle, comme si j'étais plus important que les autres enfants. Comme si j'étais la preuve vivante de l'existence de Dieu. Que je sache, ce n'est pourtant pas Dieu qui s'est écorché les mains, le crâne et le dos dans les barbelés de Beaune-la-Rolande... Un jour, juste avant l'office, je fais part de mes craintes au directeur.

— Monsieur, je ne me sens pas bien ici.

— Vraiment Joseph ? Mais pourquoi donc ?

— Je ne sais pas vraiment comment le dire... Je trouve que c'est trop facile, pour les Allemands. Vous comprenez, on est tous là, réunis, nuit et jour. Ils savent où venir nous prendre !

— Mais ils ne le font pas parce qu'ils n'en ont pas le droit. Je t'assure que tu n'as rien à craindre. Ici, tu es sous la protection de l'UGIF, tu ne risques rien.

Il ne m'a pas convaincu, mais quels arguments est-ce que je peux ajouter ? J'ai peur de tout, partout et tout le temps, sans doute une réaction normale après ce que je viens de vivre. D'ailleurs, je ne suis pas le seul dans ce cas-là. Les autres ne sont pas des héros, mais ils ont le cœur en mille morceaux, tout comme moi. Ils attendent tous les jours une lettre qui n'arrive jamais. On les surprend souvent le regard perdu dans le vide. Comme les miens, leurs parents ont été arrêtés. Souvent le père d'abord, puis la mère. Ne pas savoir où ils sont aujourd'hui constitue une vraie torture pour chacun de nous. Nous imaginons ceux que nous aimons le plus en prison, battus, affamés... Nous avons trop d'imagination, et c'est bien ça le pire. Si au moins quelqu'un venait nous dire : voilà, toi, Rosa, tes parents sont à tel endroit. Ils font ceci et cela, ils pensent à toi mais ils n'ont pas le droit de t'écrire. Ou bien : toi, Cécile, sache que tes frères Michel et Pierre-Paul se trouvent ensemble dans telle ville où on leur fait faire tel type de travail. Mais non, rien. On ne questionne même pas les adultes qui nous entourent parce qu'on connaît déjà la réponse qu'ils nous donneraient sans même y réfléchir :

– On ne sait pas, les enfants. Personne ne sait rien.

Est-ce bien vrai ? Et si réellement ils ne sont pas renseignés, est-ce qu'ils ne devinent pas certaines choses eux aussi ? Nous avons tous une boule dans le ventre parce que nous sentons confusément que nos proches ne vivent pas bien. Ils ont perdu le contrôle. Sinon, pourquoi serait-on ici, et non auprès d'eux ?

Une nuit d'hiver, au début de l'année 1943, m'apporte la confirmation que le danger est réel pour nous tous, même sous la protection de l'UGIF et de la fondation Rothschild. Des bruits de bottes nous réveillent en sursaut. Des hommes surgissent d'un pas lourd dans l'orphelinat. Ils sont nombreux, ils prennent place à l'entrée de plusieurs dortoirs. Les enfants sont sommés de s'habiller au plus vite.

— En rang, deux par deux, descendez !

On les arrête. Ils pleurent, ils crient, ils tremblent comme des feuilles, terrorisés, ils se serrent les uns contre les autres. De mon lit encore plongé dans l'obscurité, j'entends tout, et c'est comme si je voyais mes petits camarades. Je sais qu'ils ont les mêmes regards affolés et les mêmes gestes désordonnés que nous avons eus dans le camp de Beaune-la-Rolande, quand nos parents ont été emmenés sans nous. Les Allemands ouvrent des portes, ça hurle, ça claque dans tous les coins. Je suis assis dans mon lit, mon pyjama boutonné jusqu'au cou, je retiens mon souffle. Tout s'est passé en quelques minutes. Ils ont leur quota de Juifs pour cette fois. Le silence retombe dans l'orphelinat, seulement interrompu par les hoquets d'un petit, terrorisé après coup par l'arrestation à laquelle il vient d'échapper, terrorisé par avance à l'idée de la prochaine rafle. Demain, on me dira que les Allemands n'étaient pas si nombreux que ça, et, une chance, qu'ils étaient pressés. On me dira aussi qu'ils sont entrés partout. Sauf dans mon dortoir.

Une fois de plus, je n'ai pas attendu la bénédiction des adultes pour aller voir ailleurs. Au petit matin, à l'orphelinat Rothschild, j'ai trouvé les rangs trop clairsemés dans le réfectoire. Je suis retourné fissa rue Lamarck. En me voyant arriver, le directeur n'a pas cherché à dissimuler son énervement.

— Joseph, encore toi ! Qu'est-ce qui s'est passé cette fois-ci ?

— Cette nuit... Ils sont venus chercher des enfants à l'orphelinat Rothschild.

Il marque un temps d'arrêt.

— Je suis désolé, Joseph... On va trouver une solution pour t'éloigner d'ici. Vraiment loin. À l'extérieur de Paris. Je te le promets.

Les copains ont l'air contents de me retrouver. Non seulement parce que je suis le héros, celui qui leur rappelle que nous ne sommes pas forcément des fourmis qu'on écrase d'un coup de talon, mais aussi parce que j'apporte des nouvelles de l'extérieur. Bien sûr, avant de m'interroger, ils ne devinent pas à quel point elles peuvent être angoissantes...

— Alors, c'était comment, à Rothschild ?

— Oh, très bien. Ils sont très bien. Enfin, c'est comme ici en fait. Ni mieux ni pire.

— Tu y es pas resté longtemps !

— C'était pas un endroit très sûr.

— Pourquoi tu dis ça ? Qu'est-ce que t'as vu ?

J'hésite à leur dire ce qu'ils craignent d'entendre.

— C'est comme ici, je vous dis. Ils viennent arrêter des enfants aussi.

Mes camarades se taisent un moment. Derrière leurs yeux défile un film qu'ils ont déjà trop vu et revu ici même : les soldats allemands qui débarquent, toujours après le couvre-feu pour que les Parisiens ne se rendent compte de rien, les camions qui attendent en bas, les enfants qui montent, la tête basse, et qu'on emmène on ne sait où...

— Tu as eu peur, Joseph ?

— Bien sûr que j'ai eu peur. J'étais carrément mort de trouille, comme tout le monde.

— Tu t'es caché ?

— Même pas. J'ai juste eu de la chance.

De la chance, une fois encore. Je ne peux pas m'empêcher de penser que c'était peut-être la dernière. Je me tiens aux aguets, toujours sur le qui-vive. Au sein même de l'orphelinat, je navigue à longueur de journée entre les différentes pièces, j'entre par un dortoir, je ressors par un autre, comme une souris traquée qui chercherait la sortie. Je ne veux pas m'enfuir d'ici : de toute façon, je ne sais pas où aller. Mais je me tiens prêt... Tout en sachant que c'est inutile. Si l'on vient me chercher, je n'aurai pas d'autre choix que de suivre. L'agitation qui me caractérise ne reflète pourtant pas mon état d'esprit réel. Au fond de moi, je me dis que je n'ai pas fait tout ce qu'il aurait fallu pour sauver ma peau. D'abord, je n'ai pas su me faire accepter durablement auprès de mamine, ensuite je me suis fait jeter dehors par le cheminot d'Argenteuil, puis j'ai tourné le dos à une brave femme sans doute plus bête que méchante, enfin j'ai fui la fondation Rothschild... Ai-je raison ou tort ? Personne pour me le dire : je me sens seul au monde. Le 16 juillet, dès notre arrivée au Vélodrome d'Hiver, maman m'avait envoyé chercher ses deux frères. J'ai fait le tour et je ne les ai pas trouvés. Où sont-ils aujourd'hui ? Je n'ai aucun moyen de le savoir, de même qu'ils ignorent certainement où se trouvent leur sœur et sa famille. Je ne peux compter sur personne, et je ne rencontre personne pour prêter attention à mon désespoir : d'une part parce que je ne suis pas le seul à me sentir si malheureux, d'autre part parce que les adultes n'ont ni le temps ni l'envie de m'écouter. Je vis dans un monde en guerre où l'on traite les Juifs comme des bêtes, où l'on emmène des gamins en pleine nuit, où les adultes et les enfants ne se rencontrent pas. Autant m'y faire. Je convoque le voile imaginaire dont j'avais recouvert toute ma famille au Vél'd'Hiv. Cette fois, il repose uniquement sur mes épaules et il ne m'apporte aucun réconfort. Il m'aide juste à attendre demain, puis le jour suivant, si je continue d'avoir de la chance.

– 7 –

TROIS MISÉRABLES

Madame Clément est une petite femme d'une cinquantaine d'années. Elle voyage beaucoup dans le cadre de sa mission : trouver des gens, un peu partout en France – mais de préférence à bonne distance de Paris –, qui acceptent de prendre avec eux, dans leur maison, des enfants juifs. Elle les interroge sur leurs motivations, elle juge de leurs capacités d'accueil, de leur affection éventuelle – en ces trois domaines, elle doit bien se contenter de peu –, et si elle sent qu'elle peut leur accorder sa confiance, elle leur amène des enfants. Ce matin, je prends le train avec madame Clément. Nous partons dans la Sarthe avec deux filles : Léa Cohen, dix ans, et Judith, douze ans à peine. Les deux frangines ne se quittent pas. La plus jeune s'accroche à son aînée comme à une bouée de sauvetage. Elle ne parle pas beaucoup, c'est une petite chose perdue dans un pays en guerre. Judith prend sur elle pour rassurer Léa, elle traîne son fardeau avec tendresse, consciente que c'est une veine malgré tout de ne pas avoir été séparée de sa sœur cadette.

Elles non plus ne savent pas où sont leurs parents, d'autant plus qu'ils se sont quittés quelques années plus tôt. La mère a gardé les fils. Judith et Léa ne parlent que de leur père qui s'est occupé d'elles tout seul depuis le début de la guerre. Il a été arrêté, disent-elles. Le mot n'a aucun sens pour elles, il leur fait juste très peur. Elles n'ont rien vu des wagons à bestiaux qui transportent les Juifs à *Pitchi Poï.*

À force d'assister aux rafles dans les orphelinats, à force d'entendre les autres enfants raconter leur histoire, l'arrestation de leurs parents, de leurs grands frères que l'on traite comme des hommes même s'ils n'ont pas dix-huit ans, j'ai acquis une certitude : il faut désormais cacher à tout le monde que nous sommes juifs, et cela par tous les moyens. Avec les prénoms qu'on se trimballe, ça ne va pas être facile… Je profite d'un moment où nous sommes seuls tous les trois dans le train pour nous créer de nouvelles identités.

— Écoutez-moi les filles. À partir de maintenant, nous ne sommes plus Joseph, Judith et Léa. Ça fait trop juif ! Toi Léa, puisque ton prénom commence par un L, tu seras désormais Liliane. Toi Judith, mettons que tu t'appelleras… Jacqueline. Moi, ce sera René, d'accord ?

— Et pourquoi tu ne gardes pas ton initiale, toi ? me demande très justement Judith. Pourquoi pas Jean-Jacques ?

— Euh… Parce que c'est comme ça !

Elles se regardent toutes les deux avec l'air de dire qu'elles sont tombées sur un drôle de zozo pour partager leur cavale. Il ne me vient pas à l'idée que nos patronymes eux-mêmes ont de quoi semer le doute : Jacqueline et Liliane Cohen, pour moi, ça fait très français ! René Weismann, pareil ! Je suis convaincu qu'avec ça, les autres écoliers, dans le village où nous allons vivre, ne nous poseront pas de questions embarrassantes. Le mieux, pour ne pas risquer de se faire prendre, c'est toujours de ne pas avoir à mentir.

Nous suivons madame Clément dans la rue principale du village. Le premier arrêt ne concerne que Léa : elle est accueillie par une famille qui ne voulait qu'un seul enfant, et une fille de préférence. Nous rassurons la petite qui commence déjà à pleurnicher : Judith ne sera pas loin, juste dans la maison voisine. Elles seront ensemble tous les jours, sans exception, sauf à l'heure des repas et pendant la nuit bien sûr. La séparation n'est que provisoire, nous continuons à avancer.

– Judith, Joseph ! Vous viendrez me voir tout à l'heure ? supplie Léa.

Je lui réponds en fronçant les sourcils.

– Jacqueline et René, n'oublie pas. À tout à l'heure, Liliane.

À notre tour, nous pénétrons dans notre nouvelle maison. Elle ne comporte qu'une seule pièce, assez vaste toutefois pour contenir une table et plusieurs lits. Derrière, on devine un coin cuisine, c'est tout. D'emblée, nous sentons que nous ne sommes pas les bienvenus. Avec son physique ingrat, sa voix sifflante et rocailleuse et son patois des plus rustiques, la maîtresse des lieux a tout d'une sorcière d'un autre temps. J'ai soudain l'impression d'avoir fait un bond cent ans en arrière. Est-ce que cette femme, au moins, cache un cœur dans cette carcasse ? Dès les premiers jours que nous passons avec elle, je peux me rendre compte que non, au contraire. À l'école, en classe de septième, j'ai étudié quelques passages des *Misérables*, de Victor Hugo. Eh bien voilà : Judith et moi, nous avons été envoyés là pour inventer la suite de l'histoire. Elle se passe au fin fond de la Sarthe, en 1943, pendant que les Allemands bombardent le sud de la France et traitent comme des animaux les Juifs, adultes, vieillards et enfants.

Cette madame X., Judith et moi l'appelons à part nous la vieille, ou la mère, simplement. Elle est pire que les époux Thénardier réunis. Elle ne nous parle pas, sauf pour nous donner des ordres et nous rudoyer : ce qu'elle exige de nous, nous ne le faisons jamais assez bien, évidemment. Elle a demandé à prendre un garçon pour faire les travaux que son fils, prisonnier de guerre, ne peut plus accomplir. Je le comprends et je m'acquitte de ma tâche sans rechigner : je vais dans les bois voisins ramasser des branches mortes que nous pourrons brûler dans la cheminée, je charrie des seaux d'eau, je nettoie les latrines dans la cour. Judith a son lot de corvées elle aussi, bien sûr, mais elle les supporte plus difficilement. Quelques jours passés dans la puanteur et les excréments, au Vélodrome d'Hiver, puis mon expérience au camp de Beaune-la-Rolande m'ont visiblement préparé à cette nouvelle épreuve. Elle n'a rien connu de tout cela.

Avant de se retrouver à l'orphelinat de la rue Lamarck, elle vivait encore avec son père. Les décrets anti-Juifs l'empêchaient de travailler sur la fin, il ne lui procurait plus qu'un confort matériel sommaire, mais elle n'a jamais vécu que dans un monde où les adultes assumaient leur rôle avec dignité et sans méchanceté envers les enfants.

L'atmosphère autour de la grande table, à l'heure des repas, ressemble en tout point à celle que décrivait Victor Hugo dans son livre. Il fait sombre dans la pièce, la soupe manque d'épaisseur – de saveur, je ne le précise même pas –, chacun reste sans parler, courbé sur son assiette. Chez moi aussi, on vivait chichement et sans manières, mais jamais mes sœurs ni moi ne nous serions permis de produire autant de bruits de bouche en mangeant. Ici, tout semble permis aux habitants de la maison, qui sont nombreux : outre la vieille, il y a sa fille, Raymonde, quinze ans, d'une grande beauté, et plusieurs de ses petits-enfants qui vont et viennent sans jamais s'installer durablement. Eux non plus, ils ne nous adressent pas la parole. Est-ce que nous leur faisons peur ? Ils ne savent rien de notre histoire, juste que nous venons de Paris et que nous allons rester là quelque temps, personne ne sait jusqu'à quand. La mère leur a-t-elle dit que nous sommes juifs ? Nous ne cherchons pas davantage qu'eux à entrer en contact, nous ne voulons rien dire, rien expliquer. Ce sont des brutes, comme leur aïeule. Ils doivent d'ailleurs se sentir bien méprisables puisqu'ils ne lèvent jamais les yeux jusqu'à nous. Ils nous regardent par en dessous...

Léa-Liliane, apprenant par sa sœur comme nous sommes maltraités chez la mégère, a demandé à nous rejoindre. Elle se sentait trop coupable de vivre dans le confort et la douceur pendant que sa sœur pleurait chaque soir dans son lit. Dommage que le déplacement n'ait pas pu se faire dans l'autre sens... Au moins les filles et moi formons-nous une bonne équipe, maintenant. J'ai quelques mois de plus que Judith, et je me débrouille bien mieux que les deux sœurs, en toutes circonstances. Je deviens une espèce de grand frère pour elles, je les protège comme je peux, on se serre les coudes. Ainsi, une nuit d'été sans lune où la vieille organise une « chasse à la piterne »...

– Vous savez pas ce qu'c'est, la piterne ? Ah, pour sûr, y doit pas y en avoir ben beaucoup par chez vous, à Paris ! Ben la piterne, c'est un oiseau d'nuit qu'on trouve par ici. Il est pas ben facile à attraper, mais en s'y mettant à plusieurs, on d'vrait pouvoir y arriver. Vous verrez, on s'en f'ra une bonne soupe !

Raymonde et les autres ont l'air tellement excités à l'idée de cette partie de chasse que les filles et moi ne nous méfions pas davantage. Le soir, dans l'obscurité complète, nous nous mettons tous en route vers un bois proche du village. Raymonde attribue les postes : il s'agit, si j'ai bien compris, de créer un cercle assez vaste et d'attendre sans bouger jusqu'à ce que la bête se pose au milieu. Quand nous entendrons son cri, nous nous précipiterons tous en même temps pour l'attraper, comme une poule dans la basse-cour. Judith, Léa et moi avons chacun notre arbre derrière lequel nous abriter en attendant que le piège fonctionne. Les autres sont installés en face...

Combien de minutes s'écoulent avant que Léa ne commence à gémir, je ne sais pas. Combien de minutes encore avant que le doute s'installe dans mon esprit, je ne sais pas plus. Quoi qu'il en soit, je décide finalement de rassembler notre petit groupe : j'ai beau avoir passé deux nuits à la belle étoile quand je me suis évadé du camp de Beaune-la-Rolande avec Jo, je ne fais pas plus le fier que les deux sœurs. Une chouette hulule quelque part, des branches craquent, des oiseaux battent soudain des ailes et s'engouffrent dans les feuilles, il fait complètement noir : l'atmosphère n'est pas des plus rassurantes. Pragmatique, Judith nous murmure ses craintes.

— Comment on va reconnaître le cri de la piterne ? Si on bouge alors que c'est pas elle, on risque de tout faire capoter !

— Ce que je trouve bizarre, moi, c'est justement qu'on n'entende rien du tout.

— Qu'est-ce que tu veux entendre ?

— Ben... Les autres !

— Joseph, on est censés se taire, je te rappelle !

— Quand même, je trouve ça bizarre... Bougez pas d'ici, je vais voir où ils sont.

Ils ne sont plus nulle part : nous nous sommes bien fait avoir, et il n'y aura pas plus de volaille dans la soupe demain qu'il n'y en avait aujourd'hui. C'était une blague, mais nous n'avons guère le cœur à rire.

À la rentrée 1943, on nous inscrit à l'école communale. Le maître d'école se réjouit visiblement d'avoir dans sa classe un môme parisien aussi joyeux. En effet, j'ai décidé de faire de tous les enfants du village nos alliés. Ils sont aussi rustiques que les petits-enfants de la vieille, mais ils ne font pas preuve de cruauté envers nous, au moins. Leur père est boucher, paysan, pompier, les gamins se connaissent depuis le berceau. Ils ne savent pas que je suis juif, d'ailleurs pas un seul ne m'a posé la question. Savent-ils au moins ce que c'est ? Pour eux qui vont à la messe tous les dimanches, les Juifs se résument aux méchants qui ont crucifié le gentil Jésus. Une autre époque... Rien à voir avec moi, le petit nouveau, un véritable boute-en-train toujours prêt à faire rigoler les copains. Ensemble, nous jouons aux gendarmes et au voleur, au mouchoir, à chat perché. Nous cavalons dans les rues, nous allons à la pêche, nous chapardons des pommes dans les champs. Le dimanche, nous nous retrouvons sur les mêmes bancs, à l'église. Seule Léa s'installe devant, le plus près possible de l'autel. Elle est littéralement tombée amoureuse de Dieu. Tout ce qu'elle endure, c'est pour Lui. On m'a bien mis dans la tête que je ne mérite rien de bon sur cette Terre parce que je suis né juif. La petite, elle, préfère penser qu'elle souffre pour gagner sa place auprès de Dieu le Père. Pourquoi pas... Malheureusement la vieille, une vraie grenouille de bénitier le dimanche, une satanée pécheresse tout le reste de la semaine, encourage notre Lili dans son abnégation en la punissant sévèrement à la moindre occasion.

Quand madame Clément vient nous rendre visite, une fois par trimestre environ, elle nous apporte des chocolats, des morceaux de sucre, des bonbons... Elle les confie à la mégère qui est censée nous les distribuer au compte-gouttes. Évidemment, sa fille et ses petits-enfants profitent de ces douceurs bien davantage que nous. Judith et moi n'avons aucun scrupule à aller prendre ce qui nous est dû : nous grimpons sur un tabouret, nous ouvrons l'ancienne boîte à biscuits qui renferme les friandises et nous nous servons discrètement. Avec Léa, nous nous montrons aussi durs que des aînés savent l'être. Alors qu'elle nous regarde nous lécher les doigts, nous l'exhortons à se lancer à son tour.

— Non, on ne t'en donnera pas ! Tu sais où trouver les bonbons ? Va les chercher toi-même.

— Voler est un péché, c'est le curé qui l'a dit ! me lance-t-elle, furieuse.

— Madame Clément nous les a apportées à nous, ces sucreries. Pour nous trois ! C'est la vieille la voleuse, pas nous !

Convaincue par nos arguments, Léa se glisse dans l'arrière-cuisine. Elle grimpe comme elle peut sur un escabeau, elle se hisse sur la pointe des pieds pour atteindre la fameuse boîte, elle chaparde quelques morceaux de sucre avant de tout remettre en place. Elle les garde dans sa blouse toute la journée, savourant par avance le moment où elle les glissera dans sa bouche une fois la nuit venue. Finalement, ça n'était pas si dur...

Hélas, la vieille a flairé le larcin. Elle a dû vérifier les munitions. Cette femme n'est jamais allée à l'école, elle ne sait ni lire ni écrire, mais elle sait compter ses sous et les richesses en tout genre. Juste avant le dîner, elle nous passe en revue, nous, les trois réfugiés : il est évident que les membres de sa famille ne peuvent pas être soupçonnés de quoi que ce soit. Judith se laisse fouiller sans rien dire. Je retourne mes poches sans inquiétude. Quant à Léa, elle nie simplement, sans esquisser le moindre geste. La mère semble sur le point de s'en contenter quand la petite a le malheur d'ajouter, se dénonçant elle-même :

— Regardez donc : j'ai rien pris du tout !

Elle retire alors le mouchoir qu'elle avait glissé sur le sucre dans sa poche. Les morceaux, qui ont dû se coller au tissu, tombent sur le sol. Léa se pétrifie sur place. Le pire, c'est que la vieille ne crie même pas. Elle regarde fixement l'objet du larcin, par terre, puis elle lève les yeux sur Léa et part d'un rire mauvais. Ses épaules montent et descendent, elle découvre ses dents à moitié pourries dans un rictus des plus méprisants.

— Eh bien Liliane, puisque tu aimes tant Notre Seigneur, voici ta punition ; tu vas tracer dix croix sur le sol. Avec ta langue, bien sûr !

La petite ne comprend pas. Judith et moi, nous nous regardons, interloqués par l'ignoble cruauté de cette femme.

— Alors, qu'est-ce que tu attends ?

— Mais… Mais ! bredouille Léa, qui commence à pleurer.

— Dix croix, je t'ai dit !

De nous tous, c'est bien Léa la nouvelle Cosette. Elle s'agenouille, baisse son joli visage vers les carreaux de terre cuites, gris de cendres et de poussière, et commence à accomplir sa pénitence. Les autres enfants ricanent discrètement : ils n'osent pas trop la ramener de peur que la vieille ne se retourne contre eux également. Judith pleure en silence dans un coin. Quant à moi je serre les poings avec rage.

Je n'ai jamais eu la foi. Je n'en ai pas eu le temps. Quand maman récitait les prières avec ferveur à la synagogue, je me tenais sagement assis à côté d'elle pour lui faire plaisir, pas pour plaire à Dieu. Visiblement, Léa puise à l'église la force de supporter notre vie dans la maison de la vieille. Que cette immonde bonne femme chante avec ferveur le dimanche et qu'elle se comporte ainsi avec une petite fille de dix ans, cela me révolte. Dieu, s'il existe, n'apprécie certainement pas non plus… Mais je ne crois pas que Dieu existe, et je sais déjà que ça ne fait pas de moi quelqu'un de mauvais. En presque treize années de vie, j'ai déjà rencontré trop d'hommes et de femmes qui se comportent de manière abjecte. Je revois les miliciens au camp de Beaune-la-Rolande, je revois les Allemands arrachant des petits de deux ans des bras de leurs parents, je revois la belle-mère de mamine et sa biscotte prétendument volée, le cheminot qui craignait pour ses pommes, et maintenant cette femme sans cœur qui humilie cette enfant, pourtant fragile et belle, on dirait une poupée de porcelaine...

Les signes tracés sur le sol par la langue de Léa mettront des heures à s'effacer. Elle a beau se relever dignement, sortir sans un mot pour aller se rincer la bouche, elle aura beau nous dire qu'elle a fait comme le Bon Dieu l'a dit, le souvenir de ce moment, je le sais déjà, restera pour toujours dans sa tête et dans son cœur. Les violences faites aux enfants forment des blessures qui ne cicatrisent jamais. Nous sommes au début de l'année 1944, ça fait déjà plus d'un an que nous endurons les coups et les vacheries de cette vieille folle. La guerre n'est pas finie. Les brimades et les frayeurs non plus.

Des Allemands se sont installés près du village, dans une grande propriété située un peu à l'écart, à quelques centaines de mètres. Ils apportent du linge chez la vieille, lavandière de son état, et reviennent le chercher quelques jours plus tard. Il faut bien gagner sa vie. Au moins, nous ne pouvons pas soupçonner la mère de collaborer avec les occupants : elle les hait certainement depuis la guerre précédente. À chaque fin de repas, elle s'exclame en se léchant les lèvres :

— Encore ça qu'les Boches auront point !

Judith, Léa et moi, nous croisons rarement les soldats : ils font leurs déplacements dans la journée, pendant que nous sommes à l'école ou partis courir la campagne. Si nous nous trouvons dans la maison et que nous entendons vrombir un moteur, nous nous éclipsons, sans nous cacher pour autant. Nous cherchons seulement à les éviter, on ne sait jamais...

Aujourd'hui, j'ignore pour quelle raison, nous n'avons pas bougé. Nous n'avons pas prêté attention aux piles de chemises que la mère a préparées sur la table, nous n'avons pas sursauté quand les voitures sont arrivées. Six hommes sans grade et un officier entrent dans la maison. Les filles m'interrogent du regard. Je leur adresse discrètement un signe de tête négatif : on ne bouge pas.

— Bonchour madame ! Che viens chercher le linche.

Cet Allemand se fait fort de parler notre langue, il n'en a pas moins un accent déplorable. Je suis pourtant certain qu'il maîtrise mieux le français que la vieille qui marmonne :

— C'est bentôt prêt...

L'officier, les mains croisées dans le dos, tout sourire, se tourne vers le coin de la pièce où nous sommes tous réunis : Raymonde, les petits-enfants et nous. Il nous contemple comme si notre vue lui procurait un certain plaisir. Il me passe par la tête qu'il est peut-être père, lui aussi.

— Ach, madame ! Quelle cholie famille vous avez !

L'autre s'arrête aussitôt de plier le drap dont elle s'était saisie quelques secondes plus tôt. Elle écarquille les yeux, surprise par la réflexion aimable de l'Allemand, et se tourne vers nous.

— Ah, oui ! Mais c'est pas tout' à moi. Ces quat' là, oui, mais ces trois aut', c'est des p'tits juifs !

En une fraction de seconde, j'ai le temps de me demander si cette femme est complètement stupide ou si elle veut se débarrasser de nous malgré l'indemnité confortable que lui verse l'UGIF. Judith et Léa plantent leurs yeux dans les miens, comme si je pouvais faire ou dire quoi que ce soit d'utile. Mais je suis pétrifié, comme elles. Inutile de nous ruer vers la porte : elle est bloquée par plusieurs soldats. Et puis où irait-on ? On ne courrait jamais assez vite pour leur échapper, de toute façon. Nous sommes suspendus à la réaction de l'officier. Notre vie dépend de lui désormais.

Il marque un temps d'arrêt, très bref, nous tourne brusquement le dos et se précipite sur la vieille.

— Madame, il ne faut pas parler comme ça !

Et il met un doigt sur sa bouche pour lui signifier de se taire.

— Chuttt ! Très dancheureux...

Elle hausse les épaules, comme si elle ne voyait pas le problème, et peut-être ne le voit-elle pas, en effet. Peut-être qu'elle est seulement bête à manger du foin.

Quand les soldats repartent, des piles de chemises, de pantalons et de draps plein les bras, Judith, Léa et moi poussons un énorme soupir de soulagement. La vieille ne nous adresse pas même un regard, elle continue de vaquer à ses occupations domestiques. La chance m'a donc souri cette fois encore. Je n'ai plus qu'à espérer que ce soit toujours cet homme, et aucun autre officier parlant français, qui se présente ici à l'avenir.

*
* *

Nous l'appelons la vieille, elle ne doit pas l'être tant que ça. Je crois qu'elle a ranci à l'intérieur et que ça se voit sur sa peau. J'aurais pu l'aimer, pourtant, même laide. Je suis arrivé chez elle le cœur vide. Il ne demandait qu'à se remplir d'amour, je l'aurais rendu au centuple. Je ne lui aurais jamais demandé de porter de belles robes comme mamine, ni d'enduire ses lèvres de pommade pour qu'elles soient lisses et douces, ou ses ongles de vernis. Je sais bien que la façon dont elle vit et travaille n'est pas compatible avec la coquetterie, sans compter qu'elle n'a pas beaucoup d'argent, bien sûr. Ça ne fait rien, j'aurais pu l'aimer quand même. Il aurait suffi qu'elle se montre juste et bonne envers nous. Je ne dis même pas généreuse. Seulement... respectueuse.

J'ai presque honte de dire un mot pareil. Mes parents me l'ont bien enseigné : les grands ont le devoir de s'occuper des enfants, de les protéger, donc de les respecter, et ces derniers ont le devoir de respecter les aînés. On respecte ses professeurs, on respecte le marchand de couleurs, on respecte le rabbin, le gendarme, le mendiant, on respecte le *schnorer*. Le Boche ? Non, pas lui, c'est l'exception. Si papa et maman pouvaient voir comment la vieille nous traite, Judith, Léa et moi, est-ce qu'ils m'accorderaient le droit de la haïr comme je la hais ? Me jugeraient-ils prétentieux parce que je pense qu'elle devrait nous accorder, à moi et à mes deux sœurs d'adoption, un minimum de respect ?

Ce dimanche de février 1944, c'est un peu la fête chez la mégère. Son fils et sa fille qui vivent à Paris sont venus lui rendre visite. Il y a aussi celle qui habite dans le village d'à côté, avec ses propres enfants, et Raymonde, la benjamine. Nous sommes tous réunis autour de la table. Judith, Léa et moi, nous nous faisons tout petits. Nous parlons peu, et surtout, nous n'intervenons jamais dans la conversation sans y être invités, ce qui arrive rarement d'ailleurs. Quand la vieille nous adresse la parole, c'est pour nous envoyer chercher du bois ou de l'eau, pour nous faire apporter une chaise ou fermer les volets. Mais aujourd'hui, exceptionnellement, elle a décidé de s'intéresser à nous. Elle pose des questions, toute joyeuse, sûre que nous allons produire un bon spectacle par nos réponses tellement exotiques.

— Qu'est-ce don' que vous faites, vous aut' les Juifs, le dimanche ?

Les filles ne répondent pas. C'est moi l'aîné, c'est moi l'homme, c'est donc à moi de prendre les risques. J'accepte mon rôle de bonne grâce : s'il le faut, je saurai avoir la repartie nécessaire. Pour l'instant, mieux vaut garder le profil bas.

— On ne fait rien de particulier.

— C'est pas jour saint, pour vous aut', le dimanche ? Vous avez pas b'soin d'vous reposer ? Les Juifs travaillent don' jamais ?

— Mon père travaille le dimanche. C'est le samedi qu'il ne travaille pas.

— Le samedi ! Voyez don' ça !

Tous s'esclaffent, comme s'il y avait quelque chose de drôle dans ce que je viens de dire. La mère continue de m'asticoter avec ses questions.

— Et ça fait quoi d'aut' encore, un Juif ?

J'aimerais lui répondre qu'un Juif se lave les mains avant de passer à table, qu'il dit bonjour à ses voisins, qu'il lit des livres et qu'il embrasse ses enfants, contrairement aux vieilles folles dans son genre que l'on rencontre dans ce coin perdu de la Sarthe. Je voudrais lui cracher à la figure que nous ne nous ressemblons en rien, elle et nous, qu'elle ne m'inspire que du mépris. Je me tais. Dans le regard de Judith, je lis le même conseil que je m'adresse à moi-même en secret : laisse glisser. Avec un peu de chance, elle se lassera vite et elle passera à autre chose...

— On ne fait rien. Rien du tout.

Aussi insignifiante qu'elle soit, cette réponse n'est pas encore assez bonne pour me garantir la paix.

— Ren du toute ! Z'êtes donc des braves gens comme nous aut' ?

— ...

— J'sais pourtant ben, moi, que vous êtes pas comme nous aut' ! Tiens ! Mont' nous don' comment que c'est fait, un p'tit Juif !

Est-ce parce que ses enfants sont tous là ? Se sent-elle encouragée par leur présence, le vin l'a-t-il rendue d'humeur particulièrement joviale aujourd'hui ? Elle se lève et s'approche de moi. Elle m'attrape par l'épaule.

— Ben allez, mont' nous !

Je me dégage d'un mouvement brusque. J'ai très bien compris ce qu'elle veut, je sais très bien dans quelle partie de mon anatomie elle place ma judéité, et c'est justement une partie de mon corps que ma pudeur m'interdit d'exposer.

— Non ! Non !

Je m'éloigne de la table, elle me suit. Même si elle n'est pas bien grande, elle me domine largement, notamment par la puissance physique que dégage son corps robuste.

— Pour sûr, que tu vas nous montrer !

— Laissez-moi !

— Allez, qu'est-ce que tu vas don' faire tout' une histoire à présent ! Fais-nous voir ta chose !

Elle tente d'attraper mon pantalon à la ceinture. Je me débats comme un diable.

— Laissez-moi tranquille, je vous dis !

La vieille ne joue plus. Ce qui avait commencé comme une vilaine farce vire à la démonstration de force. Elle entend prendre le pouvoir sur moi par la brutalité, puisqu'elle n'a aucune prise sur mon caractère indépendant. Tandis qu'elle me coince sur un lit, je distribue les coups de pied et de poing. Elle appelle ses enfants à la rescousse.

— Allez vous aut' ! Aidez-moi donc à l'tenir !

Ils rient, ils s'encouragent. L'un me tient par les cheveux, l'autre par les bras qu'il serre dans mon dos, la vieille a immobilisé mes jambes. Je hurle autant que je peux. Qu'est-ce que j'espère ? Qu'un voisin finira par entrer pour voir ce qui se passe ici ? Les habitants du village ne se mêlent pas de la vie des autres. Ma rage et mes cris ne servent à rien. Depuis combien de temps dure notre lutte ? Ça fait déjà une éternité, me semble-t-il, j'ai mal partout, je suis terrorisé, je pleure, je mords, rien n'y fait. Comment peuvent-elles donc, toutes ces brutes, rester insensibles à ma détresse ? Mon corps m'appartient, à moi seul, il est peut-être la dernière chose qui me reste de ma vie d'avant : mon corps d'enfant, encore, tel que l'ont fait mes parents. De papa, j'ai reçu, quoi ? Trois ou quatre petites tapes sur la tête, et je les avais certainement méritées. Cette vieille a déjà frappé mes jambes avec une fine baguette de bois. Elle les a fouettées sans relâche, un soir après l'école, et j'en ai gardé les marques pendant des semaines. Ça me faisait mal et ça ne me faisait rien. Pendant que les coups pleuvaient sur mes mollets, je gardais bien en tête que cette violence-là ne pouvait pas m'atteindre, que je l'oublierais, et que cette femme aussi, un jour, je parviendrais à l'oublier. Mais cette fois, c'est différent. Je ne me suis jamais senti aussi humilié. Ils s'acharnent sur moi, tous, pleins de hargne et de haine. Ce qu'ils démontrent en me traitant ainsi est pire que du mépris. Si seulement ils se contentaient de m'ignorer ! La mère a déboutonné mon pantalon, elle éructe sa joie de sentir sa victoire si proche. Judith et Léa la supplient d'arrêter, il y a un chaos indescriptible dans la pièce, tout l'espace est rempli de nos larmes et de nos cris. Je sens mes fesses, nues, et toute mon intimité dévoilée. Raymonde, la belle Raymonde, presque dix-sept ans, une femme maintenant, me regarde avec un mélange d'amusement et de gourmandise dans les yeux. Elle ne m'inspire que du dégoût, j'ai la nausée de me retrouver ainsi exposé face à elle et à ces monstres, sa famille. D'un revers de manche, la vieille essuie la sueur de son front.

— C'est ren qu'ça ! Ben y avait pas d'quoi en faire tout un plat !

Je me rhabille en hoquetant. Toutes mes forces et même ma colère m'ont abandonné. Je me sens comme un pantin désarticulé. Judith et Léa se sont tournées vers le mur et pleurent sans bruit. Encore heureux que rien ne les distingue, physiquement, en tant que petites filles juives. Comme elles, je verse des larmes qui ne me consolent pas. Ma petite voix a changé de ton. Elle me traite maintenant de tous les noms. *Pauvre con ! Pourquoi tu t'es évadé ? Vois comme tu es malheureux maintenant...* C'est par où, *Pitchi Poï ?* Je ne connais pas la route. Il est trop tard à présent pour rejoindre mes sœurs et mes parents.

– 8 –

LES AMÉRICAINS

Ce matin, face à nous dans la salle de classe, notre maître affiche un air plus solennel que d'ordinaire. Lorsqu'il nous a demandé de former le rang par deux dans la cour tout à l'heure, nous n'avons rien remarqué de particulier, sinon, peut-être, un léger sourire derrière sa moustache. Mais maintenant que nous nous tenons tous debout derrière nos chaises, nous nous interrogeons : l'instituteur est là, tout raide, les mains nouées dans son dos, presque au garde-à-vous. Et, chose étrange, il ne se décide pas à nous dire de nous asseoir. C'est sûr, il a une nouvelle à nous annoncer, quelque chose de grave, d'unique.

— Mes chers enfants, vous vous en doutez déjà, ce jour est particulier et restera une date importante dans l'histoire de notre pays... J'ai pu entendre hier soir à la TSF que les Américains ont débarqué sur les côtes de Normandie !

C'est ça, la nouvelle bouleversante ? Nous ne bougeons pas d'un pouce. Nous ne saisissons pas du tout la portée des paroles de l'instituteur, qui n'attend pas davantage pour nous livrer des explications.

– Les Américains sont venus pour libérer la France.

Cette fois, une clameur monte dans la classe. Nous lâchons les dossiers de nos chaises, nous nous tournons les uns vers les autres, joyeux et incrédules à la fois. L'un de nous s'écrie :

– Alors ça y est ? On a gagné la guerre ?

Le maître rit, nous rions tous ensemble pendant quelques secondes, même s'il nous rappelle vite au calme… Et à la modération.

– Allons, allons, les enfants ! Malheureusement non, nous ne pouvons pas dire que nous avons gagné, pas encore. Et en attendant que les Américains progressent dans le pays et rejoignent l'Armée rouge qui, elle, progresse depuis le front de l'Est, nous sommes peut-être même encore plus en danger. Il risque d'y avoir des bombardements, par exemple. Je vous expliquerai dans un moment les consignes de sécurité à observer si cela arrive.

Tout le monde se fiche des bombardements, nous partageons la même joie. Mais aucun de mes camarades, j'en mettrais la main au feu, ne se sent plus soulagé que moi. Je redresse la tête, je bombe le torse, j'ai l'impression de grandir de dix centimètres d'un coup. Soudain, j'entrevois la fin de mon calvaire. J'ai plongé dans un cauchemar il y a presque deux ans déjà. Le mercredi 15 juillet 1942, je me suis endormi dans la sécurité de l'appartement familial pour la dernière fois. Depuis, je ne me suis jamais senti complètement serein. J'ai vu mon père garder la tête haute devant les gendarmes français, mais je l'ai aussi vu hurler de rage et de douleur face aux officiers allemands qui m'ont séparé de lui. J'ai vu ma mère fermant les yeux devant cette femme à demi nue que les miliciens frappaient à coups de botte. J'ai vu les portes du camp se refermer sur toute ma famille. Ils ont tous disparu en quelques secondes, je ne pouvais déjà plus que chercher à discerner leurs silhouettes, au loin, à travers le rideau de mes larmes. Depuis, je n'ai jamais eu de nouvelles. Caché dans ce petit village de la Sarthe maintenant, chez cette femme si mauvaise, j'ai douté parfois. Il m'est arrivé de penser que je n'aurais pas dû m'évader du camp de Beaune-la-Rolande mais plutôt rejoindre les miens, à *Pitchi Poï* ou au diable. Ça ne durait que le temps d'un coup de bâton sur mes jambes. Aujourd'hui, plus que jamais, alors que le maître nous annonce une libération prochaine, je sais que j'ai eu raison malgré tout. Malgré la vieille, sa bêtise et sa méchanceté. Dans toute l'école, chaque élève se réjouit, mais personne autant que Judith, Léa et moi. Nous avons bien plus à gagner dans cette victoire que tous nos camarades réunis. Je veux tellement y croire que je ne doute pas un instant que mes parents vont revenir et je sais que les filles, elles non plus, n'imaginent pas une autre issue possible : nous retrouverons bientôt nos familles.

La débandade commence. Les Allemands sont informés de l'avancée des Américains, ils ne se pavanent déjà plus autant. C'est l'été, les vacances, je passe mes journées dehors à tailler des bouts de bois devant la maison. Un officier arrive, accompagné par une douzaine de soldats. Ceux-là, je ne les connais pas. Je ne les ai même encore jamais rencontrés. Je rentre ma tête dans mes épaules : il ne s'agirait pas de me faire attraper maintenant...

— Petit !

Je n'ai pas le choix, il faut répondre.

— Oui ?

— Où habite le maire ?

— Par là, première à droite, aussitôt à droite, c'est la troisième maison sur la gauche, ou la quatrième peut-être...

L'officier fronce les sourcils. J'ai dû aller trop vite.

— Vous voulez que je vous y emmène ?

Évidemment, il accepte. J'espère une fois de plus que ma tactique se révélera payante : si je ne lui montre pas que je me méfie de lui, il n'aura aucune raison de penser que je ferais mieux de me tenir à l'écart.

En chemin, il me questionne sur le village et l'école. Puis il m'interroge d'un air soupçonneux.

— Dis-moi, tu n'as pas l'accent du pays ?

Je sens un élan de haine monter en moi. Ce n'est plus de l'air que soufflent mes narines, c'est de l'orgueil pur. Ce type qui se tient devant moi est aussi grand, et blond, et beau, que les salauds qui ont emmené mes parents. Il est bien habillé, bien chaussé, et visiblement bien nourri. C'est à cause de lui et de tous ses complices que je me sens si malheureux depuis deux ans. À cause de lui que j'habite chez la vieille avec un droit, un seul, celui de me taire. Ce type s'est vraiment cru en terrain conquis, il s'est imaginé vivre ici le restant de ses jours : il a pris le temps d'apprendre notre langue, il la maîtrise assez pour relever que je ne parle pas avec l'accent d'ici. J'ai envie de lui hurler à la figure que je suis juif. Juif ! Juif jusqu'à la moelle ! Pas de bol, l'accent juif n'existe pas. Pas entendu, pas reconnu ! Je suis une Cocotte-minute sur le point d'exploser... Et pourtant, je jubile intérieurement de savoir si bien cacher mes sentiments. Je hausse les épaules d'un air blasé et réponds d'un ton détaché :

— Oh, mes sœurs et moi, on est réfugiés avec mes parents. Avant, on vivait à Paris...

Nous sommes arrivés. Je le laisse là. Bien le bonjour à monsieur le maire, je ne m'attarde pas.

Ils n'auront pas le temps de faire longuement connaissance... Quelques jours plus tard, la terre tremble de tous les véhicules qui sillonnent les routes. Les Allemands ont commencé à faire leurs bagages. Ils se replient. Je suis devant la maison avec Judith, Léa et quelques petits-enfants de la vieille, les bruits semblent se rapprocher. On n'entend plus seulement des moteurs mais des claquements plus mats, et plus inquiétants. La mère nous rapatrie vite fait à l'intérieur. Elle ferme les volets. En quelques secondes, toute la rue devient déserte. Il était temps : des explosions retentissent au loin, puis de plus en plus près. Des coups sont tirés dans un sens, puis dans l'autre : Américains et Allemands s'affrontent pas bien loin. Nous nous plaquons tous au sol, la vieille aussi. Pendant deux heures, nous restons dans cette position, en silence le plus souvent, comme si nous risquions d'être découverts par quelque ennemi si nous parlions trop fort. Je n'ai pas peur des balles qui pourraient traverser la lourde porte en bois : je ne crois plus aux accidents, je fais confiance à la chance. Je sais qu'en l'instant présent, le fait que je sois juif ne compte plus. On m'appelle René et jusqu'à mon maître d'école, tout le monde pense que je suis français de souche. À part Judith et Léa à qui j'ai raconté mon histoire, personne ne sait ce que j'ai vécu au Vél'd'Hiv puis au camp de Beaune-la-Rolande. La vieille a vu comment c'est fait, un petit Juif : ne reste que l'humiliation, pas la menace. Dans la maison, il fait une chaleur de gueux, la même que deux ans plus tôt au Vélodrome. Mais le sol est frais sous mon ventre et cette fois, j'entends que l'on se bat dehors. On se bat pour Judith, pour Léa et pour moi. Juste pour nous trois.

Le calme est revenu depuis un moment. On se relève timidement, on se frotte les mains pour les débarrasser de la poussière. Je m'approche de la fenêtre et jette un coup d'œil par un interstice dans le volet. Un coucou traverse le ciel sans inquiéter personne puisqu'il s'agit d'un avion de reconnaissance... Il disparaît aussitôt. Bientôt, le village commence à sortir de sa torpeur. Nous ouvrons la porte, nous nous risquons à avancer sur le trottoir. Des voisins font de même. Nous nous regardons, incrédules, impatients.

— Et maintenant ?

On entend des moteurs qui se rapprochent, rien de plus. Les tirs semblent s'être arrêtés pour de bon. On attend sans savoir s'il y a quelque chose à attendre. Des groupes se forment dans la rue, les gens discutent, émettent des hypothèses. Jamais bien loin des habitations, toutefois, au cas où il faudrait se replier de nouveau à l'intérieur. Mais non, plus rien ne se passe. Je saisis un bout de bois et commence à le tailler. Il est suffisamment long pour atteindre les pommes sur les branches les plus hautes ; si j'affine assez la pointe, elle se fichera dans le fruit sans peine, il n'y aura plus qu'à tirer... Je ne m'inquiète pas de l'issue du combat qui a opposé les Américains aux Allemands quelques heures plus tôt : je sais que les premiers ont gagné. Mais je ne m'affole pas. Ils ont mis plusieurs semaines pour descendre depuis les côtes normandes. Il va falloir encore des jours et des jours avant que la France entière soit libérée, et peut-être des semaines avant le retour de mes parents. J'ai encore le temps d'avoir faim, les pommes ont le temps de mûrir.

Je n'ai pas pu finir de tailler mon bout de bois. Deux heures à tout casser que les combats ont pris fin, et déjà des véhicules commencent à s'approcher du village. Tout le monde disparaît dans les maisons en un éclair, moi le dernier. Mais comme aucun coup de feu n'accompagne le ronron des moteurs, les gens glissent le nez par l'entrebâillement des portes... Moi le premier. Je vois une voiture militaire, une Jeep, pénétrer dans la rue principale, à quelques centaines de mètres de la maison. Un canon épais est pointé vers l'avant, un homme se tient en appui dessus, pas tout à fait debout, mais pas recroquevillé sur lui-même non plus. À ses côtés, le chauffeur, et derrière lui, deux hommes s'accrochent aux barres de fer latérales. Ils avancent à toute petite vitesse, en silence. Une autre voiture les suit. J'en distingue une autre, puis une autre encore. C'est bientôt une interminable procession qui commence. Des voix s'élèvent des maisons.

– Les Américains ! C'est les Américains !

Toute inquiétude évanouie, nous sortons pour regarder passer nos libérateurs. Alors que le village dans son entier laisse éclater sa joie, Judith et Léa tombent dans les bras l'une de l'autre et entament une danse de Saint-Guy comme je ne les ai jamais vues faire. Raymonde court au-devant des voitures, chacun applaudit, crie, rit de toutes ses dents. Même la vieille est sortie pour acclamer les Américains sur leur passage ! Bien campée sur ses deux jambes, les poings sur ses hanches larges, elle hoche la tête de droite à gauche, comme pour signifier qu'elle n'y croit pas. Mais moi, je veux bien y croire ! Je bondis comme un diable. Judith pleure de bonheur, une grosse boîte de bonbons dans les mains. Elle les distribue avec largesse, je manque de m'étouffer avec un caramel. Les soldats lancent des paquets de cigarettes, des chewing-gums et des petites plaques de chocolat à qui veut bien les attraper. Nous voulons bien, tous ! Nous aimerions que leur défilé ne s'arrête jamais, nous ne demandons qu'à être envahis par ces gaillards qui rient autant que nous du bonheur qu'ils nous apportent. Et notre vœu est exaucé ! Pendant des heures, des centaines et des centaines de Jeep, de voitures et de camions traversent le village pour aller s'enfoncer dans la campagne, avant de conquérir un autre village, puis un autre, puis une ville, plein de villes, et, je le devine déjà, jusqu'à Paris !

Il est bien difficile, ce soir, de se mettre au lit. Au dîner, la soupe était toujours aussi claire. Écœurés par les sucreries auxquelles nous ne sommes plus habitués, si nous l'avons jamais été, nous avons à peine levé nos cuillères jusqu'à nos lèvres. En réalité, pour la première fois depuis longtemps, peu nous importe de garder le ventre creux même après le repas. La nouvelle a déjà fait le tour du village : une unité d'Américains s'est installée au château, celui-là même que les Allemands avaient réquisitionné trois ans plus tôt. J'ai hâte d'aller voir ça...

*
**

Notre immeuble, au 54, rue des Abbesses, donnait sur l'arrière-cour d'un cinéma, le Studio 28. Nous n'avons jamais eu assez d'argent pour nous y rendre tous ensemble, en famille. Mais je me souviens que maman y est allée, une fois, pour voir un film avec Charlie Chaplin, *Les Temps modernes*. Elle qui sortait si peu de la maison, sauf pour se rendre à la synagogue ou faire quelques courses... J'imagine que papa avait voulu lui offrir le plaisir, pour une fois, d'aller au spectacle. Elle était revenue enchantée, les yeux encore mouillés de larmes.

– J'ai ri ! J'ai tellement ri ! Vous l'auriez vu avec sa moustache et son petit chapeau ! Il est si maladroit, il fait tout de travers, il s'attire toujours des ennuis.

Rachel avait interrompu maman.

– Mais ça n'est pas drôle du tout, ça.

– Si c'est drôle, parce qu'il se moque de tout ce qui lui arrive. Il rêve tout le temps, il est dans la lune, il rit de lui-même. Comme ça, rien ne lui paraît grave, vous comprenez ?

Ma chère maman, maintenant que les Américains sont arrivés, maintenant que les Allemands sont partis, j'ai décidé de faire comme Charlie Chaplin. Je vais redevenir aussi joyeux qu'avant. J'ai deux jambes qui courent vite et une cervelle pleine de malice. Je peux être utile à nos nouveaux voisins. J'ai bien fait le guide pour un Boche, il n'y a pas si longtemps... Et puis les Américains, je ne les crains pas. On devrait bien s'entendre... Le seul ennui avec eux, c'est qu'ils n'ont pas eu le temps d'apprendre le français. Je m'en rends bien compte quand ils viennent apporter leurs chemises chez la vieille. Ils ne connaissent que quelques mots.

— Bonne jour ! Poour… le lindge, s'il vu plaît ?

À la différence des Allemands, ils sourient tout le temps et distribuent des choses à manger partout où ils passent. J'imagine que ça doit être Byzance au château. Un jour que la vieille a plusieurs piles de vêtements propres à leur remettre, je propose de faire la course moi-même.

— Va don'. Ça s'ra toujours ça qu'tu traîneras point dans mes pattes…

Me voilà pilotant ma brouette sur le chemin caillouteux qui mène à la propriété. Dix fois je manque de faire tomber le contenu par terre, dix fois je rectifie l'équilibre au dernier moment. Quand ils me voient arriver, les deux soldats en faction devant la grille — ouverte — m'encouragent joyeusement. Depuis quelques semaines qu'ils sont installés dans la région, j'ai déjà suffisamment laissé traîner mes oreilles pour apprendre une petite cinquantaine de mots. Je les salue dans leur langue, je pousse la hardiesse jusqu'à leur demander de leurs nouvelles.

— *Hello ! How are you today ?*

OK. Mon accent n'est peut-être pas encore tout à fait au point : ils éclatent de rire. Mais ils ne se moquent pas, ou alors avec tendresse. L'un d'eux s'empare de ma brouette tandis que l'autre m'ébouriffe les cheveux de sa large paluche.

— *Come on kid, come with us !*

Ils me font signe de les suivre à l'intérieur. Chouette alors, je sens que je ne rentrerai pas chez la vieille les mains vides… Dans l'entrée, plusieurs types sont occupés à fumer des cigarettes et deux autres discutent très sérieusement, appuyés contre un mur. Je ne parle pas encore assez l'anglais pour comprendre quel baratin accompagne mon arrivée, mais tous lèvent la main vers moi avec un air très sympathique. J'adore ces types. Ma brouette revient bientôt : à la place des chemises et des pantalons, un sachet plein de bonbons.

— *Thank you ! Thank you so much !*
— *Bye bye kid ! See you !*

Et comment que je vais revenir… Je n'attends bientôt plus que la vieille ait achevé de laver et repasser tous les sacs de linge : je rapporte les chemises et les pantalons par petits paquets. J'ai prétexté auprès de la mère que tout se froissait facilement dans la brouette, il valait mieux ne pas entasser trop de choses. Et puisque c'étaient encore les vacances, j'avais bien le temps…

À ma troisième visite au château, deux soldats me prennent à part :

— Jo, nous avoir problème. Nous vouloir manger bon ! *You see ?*
— OK. Go to… fermiers ?
— Fermiers ? *Oh yes ! Farmers !* Mais où ? Tu *come*… Euh, tu viens avec nous ?

Voilà comment débute ma carrière de négociateur et d'interprète. Une ou deux fois par semaine, je grimpe dans la Jeep, debout à l'arrière, comme nos héros le jour de leur arrivée. Fier comme Artaban, je bombe le torse, une main sur l'épaule du chauffeur, je donne mes indications pour nous rendre dans les fermes des alentours.

— *You turn right, you turn left...*

Nous sommes toujours bien accueillis. Mes nouveaux amis ont de la peine avec la langue de Molière, je roule ma caisse auprès des éleveurs de volaille.

— Ils voudraient des tomates fraîches, des œufs et des poulets.

— Jo, cognac aussi !

— Du cognac bien sûr.

Si reconnaissants soient-ils envers nos libérateurs, les paysans du coin n'en oublient pas comment faire des affaires. Leurs produits, ils les réservent d'abord au marché noir.

— Des œufs ? Les poules ne pondent plus !

Je fais passer le message aux Américains sans oublier de leur indiquer les postures à prendre pour obtenir ce qu'ils espèrent. Froncer les sourcils, faire semblant de retourner aux voitures, je ne sais pas le dire, mais avoir l'air en colère, je connais.

— *Look angry !*

Ils se marrent et me demandent pourquoi. Je les interromps. C'est moi le chef !

— *No question ! Look angry !*

Ils obtempèrent, le fermier sent monter une tension pourtant inexistante : mes amis sont venus bouter les Allemands hors de France, pas faire la guerre aux braves paysans ! Ça ne fait rien, ça marche : notre homme concède qu'il garde peut-être quelques douzaines d'œufs au frais dans l'arrière-cuisine... Il nous gratifie d'un large sourire quand nous partons : les Américains ne se montrent pas chiches en boîtes de corned-beef, en chocolat, en huile, en sucre, bref, tout ce dont la France manque depuis des années.

Judith et Léa se réjouissent de me voir déposé comme un prince au seuil de la maison par ces beaux gars tellement joyeux. Quant à la vieille, d'abord méfiante envers mon manège, elle a fini par comprendre son intérêt dans l'affaire : je rapporte souvent des pêches en conserve, des boîtes d'ananas au sirop, des chocolats, du café. Ça nous change de la soupe aux navets, toute la famille en profite et je gagne un nouveau statut : aucun de ses petits-enfants ne s'est révélé assez débrouillard pour enrichir notre quotidien au contact des Américains. Seule Raymonde s'est trouvé un fiancé. Pas étonnant : cette fille est aussi jolie que sa mère est vilaine !

Il s'appelle Jeff. Jeff Messer. Son nom signifie couteau en allemand, il s'en amuse et me fait la blague à chaque occasion.

– Jo ! Moi, américain boche ! *Achtung !*

Je n'ai toujours dit à personne que je suis juif. On ne sait jamais…

Raymonde s'est mis dans la tête que Jeff va l'épouser. Une seule chose l'ennuie : c'est un homme, un vrai, qui sait bien comment les femmes sont faites et qui sait quoi faire avec. Raymonde a peur de passer à la casserole avec lui. Elle préférerait que je me charge de la déflorer : j'ai treize ans, la peau douce et le corps encore fin et gracile, je ne devrais pas lui faire trop mal. Mais ça, au début, je l'ignore... Et je suis d'autant plus surpris par son attitude.

Elle commence par me suivre partout : dans les bois où je vais ramasser des branches pour le feu, dans les champs où j'arrache quelques racines pour la soupe. Elle me bouscule, elle me couche dans l'herbe, elle se frotte sur moi. Je ne comprends rien à ce qu'elle attend de moi, mais elle me terrorise déjà. Je me dégage comme je peux, je file et je l'évite pour le reste de la journée. Elle se faufile dans mon dos quand je vais pisser à la cabane derrière la maison. Elle veut voir, elle m'aguiche. Enfin... C'est ce qu'elle croit. Moi qui n'ai encore jamais pensé à la chose, elle ne me fait ni chaud ni froid.

— Tu m'trouves don' pas assez belle pour toi ?
— Bien sûr que tu es belle, Raymonde, mais qu'est-ce que tu veux ?
— Je veux que tu me le fasses, une fois.
— Mais que je te fasse quoi ?
— Que tu m'dépucèles pardi !

C'était donc ça... En voilà une idée. J'essaie bien de lui faire comprendre que je n'ai pas l'âge pour ça, aucun de mes arguments ne semble pouvoir la raisonner. Je suis un gamin, je ne sais pas comment m'y prendre, et puis surtout, je n'en ai pas la moindre envie ! Raymonde ne veut rien entendre. Elle a décidé que je devais lui obéir en ce domaine comme j'obéis à la vieille pour les tâches domestiques. Après tout, pour elle, je fais partie de la race inférieure : de quel droit est-ce que je lui refuserais de prendre sa virginité ? Elle considère qu'elle me fait une faveur !

Les semaines passent et ses exigences se font de plus en plus pressantes. Plus un jour sans qu'elle me coince contre un mur. Elle glisse ses mains entre mes jambes, elle frotte son bassin contre le mien. Je me défends avec peine et sans faire appel à qui que ce soit, surtout pas à la mère : sa fille lui dirait que j'ai essayé de la violer, je serais rossé plus sévèrement que jamais.

Une nuit, n'y tenant plus, Raymonde profite de notre promiscuité forcée pour passer plus sérieusement à l'attaque. Dans la pièce unique de la maison, nous nous répandons tous chaque soir dans trois lits différents : le plus grand est pour la vieille et ses deux petits-enfants les plus jeunes, un plus étroit accueille Judith et Léa, j'ai ma place dans le dernier, entre Jeannot, le plus âgé des petits-fils, et Raymonde… Une fois tout le monde endormi, celle-ci se jette sur moi, me bloque sur le dos, me chevauche. Je me tortille pour me remettre sur le côté, je remonte les genoux sur ma poitrine, au moins autant que le permet l'exiguïté du lit. Jeannot, gêné dans son sommeil, me donne un furieux coup de coude. Raymonde tente une nouvelle offensive. Elle glisse ses mains dans mon caleçon, me caresse avec d'autant plus de maladresse que je me contorsionne pour lui échapper. Je suis glacé de peur à l'idée qu'elle parvienne à ses fins. Je suis convaincu que son bas-ventre cache, prêtes à mordre le premier zizi qui passerait par là, des dents acérées des plus dangereuses. Quelles que soient les manœuvres de cette forcenée, mon sexe se fait si petit que je crains bien qu'il disparaisse avant le lever du jour. Toute la nuit, sans jamais se fatiguer, elle revient à la charge. Chaque fois je la repousse, soucieux malgré tout de ne pas faire de bruit pour ne réveiller personne : la honte s'ajoute à la peur. La vieille se retourne dans son sommeil. Une fois même, elle grogne à l'adresse de sa fille :

— Mais qu'est-ce t'as don' à chouiner d'la sorte ?

Au matin, je bondis du lit, éreinté mais soulagé d'avoir réussi à préserver mes attributs malgré l'assiduité de Raymonde. Dès lors, elle me hait. Elle ne cherche plus à m'attraper dans un coin, elle a renoncé. Mais elle multiplie les tracasseries quotidiennes, tentant de me faire accuser si un objet est cassé, si la table n'est pas mise à temps, si le broc est vide – elle l'a renversé exprès. Un jour, sous le prétexte que j'aurais ramassé plus de poires dans un arbre que je n'en aurais rapporté à la maison, elle se saisit d'un scion, une baguette d'osier fine et tranchante comme une lame, et entreprend de me punir. Je hurle, je pleure, le sang coule de mes mollets jusqu'à mes chevilles. Les coups continuent de pleuvoir sur le duvet de mes jambes d'enfant, ils me blessent si profondément que je ne sens bientôt plus rien. Raymonde se venge. Jeff est parti avec son unité, il l'a laissée là, dans sa misère. Je serre les dents : la guerre, c'est officiel désormais, nous l'avons gagnée. Mes parents ne tarderont pas à revenir me chercher, je retournerai acheter le journal à l'angle de la rue des Abbesses et de la rue Tholozé, je lirai moi-même les nouvelles, tandis que Raymonde restera dans son hameau perdu. Elle, si belle aujourd'hui, vieillira comme sa mère : elle n'en a pas encore l'aspect physique flasque et repoussant, mais la même méchanceté coule déjà dans ses veines. Qu'importent les coups sur mes jambes : le temps que les marques cicatrisent, je serai loin.

– 9 –

LE CHÂTEAU DE MÉHONCOURT

Je ne reverrai jamais la vieille ni sa folle de fille. Une voiture vient nous chercher, Judith, Léa et moi. Elle se gare devant la maison, un homme en descend, il demande à la mère de rassembler nos affaires. Nous n'avons pas été prévenus, la surprise est divine. Qu'importe l'endroit où l'on nous emmène. Mes deux quasi-sœurs ont subi leur lot d'humiliations dans ce village, autant que moi. Mais pour nous trois, aujourd'hui, un nouvel épisode commence et nous savons d'instinct qu'il sera plus heureux que celui qui s'achève. Tout aura un autre parfum, un autre goût. Nous laissons derrière nous une vie de captifs et d'opprimés. Nous ne raisonnons pas vraiment sur la question, mais nous éprouvons un soulagement profond à l'idée de ne plus être de sales Juifs. Nous allons redevenir ceux que nous étions avant la guerre : des enfants comme les autres.

La mère se moque bien que l'on nous prenne. Depuis plusieurs mois déjà, elle nous l'a fait savoir, l'UGIF ne lui envoie plus d'argent pour nous garder. Nous ne lui rapportions plus rien, nous n'étions qu'un fardeau supplémentaire, trois bouches de plus à nourrir. J'imagine qu'elle ne savait pas où nous renvoyer. Ou bien elle avait pris goût aux pêches d'Amérique…

Nous montons dans la voiture, nous ne posons aucune question à l'homme qui nous dévisage l'un après l'autre. Est-ce que nous partons chez lui ? Est-ce qu'il va nous déposer dans une nouvelle famille ? Est-ce que nous rentrons chez nous ? Sait-il où se trouvent nos parents à présent que les Allemands ont quitté le pays ? C'est étrange, cette retenue que nous gardons face à notre sauveur. Les questions se bousculent dans nos têtes, mais elles ne brûlent pas nos lèvres pour autant. Comme si nous sentions confusément que les réponses de cet homme risqueraient de ne pas nous satisfaire.

La vingtaine de kilomètres est vite parcourue jusqu'au château de Méhoncourt, en bordure de la ville du Mans. Des dizaines d'autres enfants ont déjà été regroupés là, des dizaines d'autres arriveront bientôt. Nous nous mêlons à eux avec une gaieté indescriptible. Bientôt, suivant les affinités, nous nous raconterons nos vies, nous enjoliverons nos souvenirs d'avant-guerre, nous noircirons le tableau concernant les heures les plus sombres. Mais nous savons déjà ce qui nous rassemble : d'abord nous sommes juifs, ensuite nous avons été séparés de nos parents, enfin nous vivons d'espoir. Nous nous trouvons toujours dans l'ignorance totale du sort réservé à nos proches. En ce qui me concerne, je les ai vus s'éloigner en direction de la gare de Beaune-la-Rolande. D'autres se souviennent seulement du jour de l'arrestation de leurs parents. Ils ne les ont pas suivis : c'était au début de l'occupation allemande, quand on n'arrêtait pas encore les enfants. Ils ont été remis à l'UGIF, puis cachés chez différentes personnes, jusqu'à ce qu'on les ramène au château eux aussi, dernier lieu de transit avant le retour dans leur famille. Malgré l'inquiétude profonde qui se terre en chacun de nous, nous sommes joyeux parce que vivants, tout simplement. Personne ne nous a rien expliqué, et nous ne posons pas de questions. Mais nous savons tous, de façon instinctive, viscérale, que le seul fait de respirer l'odeur de l'herbe humide, en cet automne 1944, constitue une immense victoire.

Un dortoir a été constitué à la hâte dans une salle du château. Pour l'instant, il s'agit seulement de matelas posés par terre. Les murs portent encore les stigmates de la présence des Allemands. Ils les ont souillés de croix gammées, juste avant de partir certainement. Ça ne fait pas d'eux les vainqueurs pour autant... Le château appartient à un Juif disparu, vraisemblablement déporté, il a été mis à la disposition de l'Œuvre de secours aux enfants, l'OSE, qui vient en aide aux orphelins juifs.

Orphelin, c'est un mot que je refuse pour moi-même : je suis hébergé dans un orphelinat, certes, mais je ne me considère pas seul au monde pour autant. La dernière fois que j'ai vu mes parents, ils étaient aussi vivants que moi...

Monsieur T., qui dirige Méhoncourt, a du mal avec l'intendance et, de toute évidence, il ignore parfaitement comment vit et pense tout être de moins d'un mètre cinquante en culottes courtes. C'est bien simple : il donne l'impression de ne pas nous voir. Et quand il semble enfin s'apercevoir de notre présence, c'est pour nous reprocher de courir dans un couloir, de chiper un morceau de pain à la cuisine, de nous disputer pour un sachet de billes. Bref, pour nous reprocher d'être ce que nous sommes : des enfants. J'ignore tout du parcours qui l'a mené jusqu'ici et des motivations qui l'animent. Je constate simplement qu'il n'a que deux ambitions au quotidien : nous tenir occupés le plus longtemps possible et garder les garçons à bonne distance des filles. C'est déjà assez compliqué comme ça : il ne manquerait plus que l'une d'elles tombe enceinte !

Je me suis fait une amie, une vraie : Suzanne. Cette grande tige, je l'aime autant que j'aime Judith et Léa. Comme une sœur. Les hormones ne me chatouillent pas encore autant que mes camarades du dortoir des mâles... J'ai aussi un ennemi, Claude, le chouchou du directeur. Il a les clés de toutes les pièces du château, même celles de la salle où sont enfermées les réserves alimentaires. Et il en pince pour ma copine...

— Monsieur le directeur ! J'ai quelque chose à vous dire !

— Quoi donc, mon petit Claude ?

— J'ai vu Joseph dans le parc. Il embrassait Suzanne !

La belle affaire... Me voilà sommé de m'expliquer sur mon comportement. Je suis pourtant condamné d'avance.

— Joseph Weismann, qu'est-ce que tu as fait ?

— Qu'est-ce que j'ai fait ? Je n'ai rien fait, monsieur.

— Si ! Qu'est-ce que tu as fait avec Suzanne ?

— Mais... Rien, monsieur.

— Tu l'as embrassée !

J'en reste bouche bée. Oui, je l'ai embrassée, je l'ai embrassée sur les deux joues, comme du bon pain.

— C'est une amie, monsieur le directeur !

Je n'ai pas vu venir la gifle. Elle n'est peut-être pas plus violente que bien d'autres reçues avant elle chez la vieille, mais elle me blesse davantage pour l'injustice qu'elle représente. J'ignore tout du sentiment amoureux. Je respecte les filles bien plus que moi-même parce que, en chacune d'elles, je vois mes sœurs. Je ne les regarde qu'avec le cœur, je ne désire leur compagnie que pour la douceur de leur voix et leurs paroles sensibles. De quoi me suspecte-t-on à présent ? Moi qui ai dû me battre, il y a quelques mois seulement, pour résister aux assauts de la belle Raymonde, une vraie femme celle-là... Maudit bonhomme qui ne comprend rien au minot que je suis !

À force de fureter dans tous les coins, comme je le faisais rue Lamarck ou à la fondation Rothschild, j'ai quand même vite appris à connaître les trucs et astuces nécessaires pour vivre à Méhoncourt avec un maximum de confort. Je gagne un surnom, Farfadet, et de nombreux admirateurs, impressionnés par mon statut d'évadé. J'ai raconté mon échappée du camp de Beaune-la-Rolande à Albert Jacubovic, dit Rouki à cause de la couleur orangée de ses cheveux : mon histoire a vite fait le tour du château. Ici encore, pas besoin de m'en cacher : je suis un héros. Le seul que mon passé n'impressionne pas, hélas, c'est le directeur ! Moi qui me prends pour une intelligence supérieure depuis que j'ai obtenu mon certificat d'études, je me retrouve placé en contrat d'apprentissage, ainsi que plusieurs camarades. Encore une fois, il ne nous viendrait même pas à l'idée de protester. Il s'agit d'apprendre un métier le plus rapidement possible, en tout cas de ne pas demeurer des bouches inutiles. Le temps passe sans que nous comprenions pourquoi nous devons en venir vite à nous assumer, et pour cause : personne ne nous dit rien, jamais, sur ce que sont devenus les membres de nos familles ni sur ce qui est organisé pour que nous puissions les retrouver. Je crois que mes camarades et moi faisons tous la même chose : nous attendons leur retour sans nous poser de questions. Après avoir passé des années à tenter d'imaginer ce que mangeaient nos parents, dans quel lit ils dormaient, comment ils occupaient leurs journées, après avoir échoué à nous les représenter, à *Pitchi Poï* ou ailleurs, nous avons tous cessé de chercher des réponses. Nous les attendons, et ce que nous avons toujours voulu savoir, nous le leur demanderons quand ils arriveront.

Pour l'heure, je me contente d'apprendre. On me veut ajusteur, j'ajuste. Quelques mois plus tard, j'apprends la menuiserie. Pourquoi pas ? J'aime bien le bois. Tiens, on n'a pas encore essayé metteur en feuilles. Allons-y, tordons et façonnons le zinc, fabriquons des gouttières… Quand d'autres vont gentiment à l'école et au lycée, nous sommes plusieurs à nous mettre en route, chaque matin, pour le centre d'apprentissage. Le soir, nous rentrons à l'orphelinat comme les ouvriers rentrent au bercail : le dos rompu, les mains sales, l'esprit assommé par le travail éreintant que nous avons accompli. Le directeur me garde à l'œil. Il me le dit. Je me sens menacé à nouveau. Mais pourquoi ? Et par qui, au juste ? Chaque jour, les Américains longent les grilles du château et nous envoient des chewing-gums que nous saisissons à la volée. Le directeur en récupère autant qu'il peut pour les redistribuer ensuite au compte-gouttes. J'ai beau rendre tous les services possibles, il semble que je n'en mérite jamais autant que les autres. Le pire, c'est que je me sens blessé alors que je n'apprécie pas tellement le goût du chewing-gum. J'éprouve un autre type de gourmandise : je voudrais de l'amour, de la tendresse, une légère affection au moins. Rien ne vient. Les sentiments ne tombent pas du camion en petits cubes emballés dans du papier d'argent. Ils ne s'éparpillent pas au vent comme les miettes trop menues que l'on jette aux oiseaux. Ils ne se trouvent pas plus dans les outils que mes mains d'enfant peinent à soulever à l'atelier ou à l'usine. Une caresse dans les cheveux, sur l'épaule, un sourire, un clin d'œil me suffiraient. Monsieur T. a autre chose à faire, d'autres soucis à régler plus graves que ma soif d'amour : les mois passent et les orphelins sont toujours aussi nombreux à Méhoncourt.

Depuis la Libération, l'Œuvre de secours aux enfants multiplie les recherches en collaboration avec le ministère des Prisonniers de guerre, Déportés et Rapatriés. Mais avec la guerre, les arrestations, les déportations, l'obligation pour les Juifs les plus chanceux de se cacher, et le pays qui se réorganise lentement à présent, il reste difficile de retrouver nos proches parents. On s'y emploie, c'est tout ce que nous savons, tout ce qu'on a bien voulu nous dire. Rien, en revanche, sur les quelques dizaines d'hommes revenus d'Auschwitz en avril et en mai 1945. Rien, évidemment, sur leur extrême faiblesse physique et morale. Rien sur les 12 884 personnes arrêtées les 16 et 17 juillet 1942 et enfermées au Vélodrome d'Hiver. Les adultes ne nous disent rien sur l'horreur dont ils commencent à prendre conscience, ils nous assurent seulement qu'ils travaillent sans relâche pour retrouver les nôtres. Mais la tâche des généalogistes est compliquée : certains noms de famille, trop courants, les mènent souvent à de fausses pistes.

Enfin, mes amies Léa et Judith ont retrouvé une tante. Elle travaille pour un cirque à Paris, elle va s'occuper d'elles. De temps en temps, le son d'une cloche retentit dans le hall. Chacun suspend ses paroles et son souffle en attendant qu'un nom soit prononcé. Jacques, au parloir ! Il part en courant tandis que les autres, tous les autres, soupirent de déception. Jacques fera sa valise dans quelques instants, il ira rejoindre un cousin, un oncle, un ami de la famille qui vient le recueillir. Parfois, mais c'est rare, c'est un père qui vient chercher son fils ou sa fille. Un homme qui pourrait être mon propre père, sauf que celui-là n'a pas eu confiance en Vichy. Un homme qui a eu la présence d'esprit de cacher ses enfants dès le début de l'occupation allemande, et qui s'est terré quelque part en attendant des jours meilleurs.

Ainsi les semaines, les mois s'écoulent, une main agite une cloche dans le hall du château, et ce n'est toujours pas mon nom que l'on appelle pour le parloir. Je découvre que tous les adultes juifs ne sont pas partis dans un train. J'en suis heureux pour chacun de mes camarades qui retrouve sa famille en même temps qu'une amertume me gagne. Moi, l'évadé, le héros, j'ai honte à l'idée que mes parents se soient laissé prendre avec une telle naïveté, et honte de la honte que je ressens à cause d'eux. Pourtant j'y crois encore. Je les attends. Ils ne viennent pas, mais la chance, encore elle, me tend les bras.

Elle se présente sous les traits d'une commerçante du Mans. Comme d'autres avant elle et comme d'autres encore après, elle a pris un taxi jusqu'à Méhoncourt, elle est entrée dans le bureau du directeur et lui a tenu un discours simple et généreux.

— Monsieur, je sais que vos enfants manquent de distractions. Je vous propose d'emmener une petite fille chez moi, une fois par semaine. Elle pourra jouer, bien manger et se reposer, nous serons pour elle comme une deuxième famille.

Je passe par là, monsieur T. profite de l'occasion.
— Farfadet ! Entre une seconde, tu veux ?
— Bonjour, madame…
— Farfadet, va chercher la petite Madeleine. Elle doit être au jardin à cette heure-ci.

Est-ce la spontanéité de ma politesse qui a conquis la commerçante ? En tout cas, quand je reviens dans le bureau, Mado sur mes talons, c'est moi que cette dame veut emmener manger une glace. Je choisis la plus grosse, une pêche Melba colossale, tous les parfums se mélangent, la chantilly coule jusque sur la table ! Cette coupe est la plus belle chose que j'aie jamais vue de ma vie. Ma bienfaitrice rit de ma gourmandise et semble retenir des larmes d'émotion. Je pourrais lui dire qu'il ne sert à rien de s'inquiéter pour moi, que tout rentrera bientôt dans l'ordre avec le retour de mes parents, mais qu'est-ce que j'y gagnerais ? Autant que cette madame Margel continue de venir me chercher de temps en temps : elle est très gentille et l'affection, même discrète, qu'elle me prodigue, me réchauffe délicieusement l'âme et le cœur.

La tradition en cours entre les enfants des orphelinats veut que l'on jouisse de ce qui ne peut attendre d'être consommé, mais les confiseries emballées doivent revenir pour être partagées entre tous. C'est une règle en vigueur à Lamarck, à la fondation Rothschild, au château de Méhoncourt : tous les heureux bénéficiaires de la générosité des adultes y obéissent de bon cœur. Madame Margel ne compte pas son argent quand il s'agit de remplir mes poches de bonbons. Chaque fois que je rentre d'une journée à ses côtés, ma popularité se trouve renforcée par les richesses que je prodigue.

Je profite bientôt d'un séjour à l'hôpital où je suis opéré de l'appendicite pour faire le plein de câlins : l'infirmière de nuit me serre et m'embrasse tendrement chaque soir à l'heure d'éteindre. Le climat n'est pas le même au château de Méhoncourt : un jour, mon bras traverse une baie vitrée. Le sang coule à grosses gouttes sur le carrelage. Mon copain Rouki, témoin de l'accident, panse la plaie avec un mouchoir et nous filons chez le directeur.

— Monsieur, je me suis blessé !

Il est furieux.

— Qu'est-ce que tu as cassé encore ?

— Monsieur, je saigne beaucoup !

— Tu saignes ? La belle affaire ! Fiche-moi le camp, petit con !

La première pharmacie est à trois bons kilomètres. J'en ai vu d'autres, je me mets en route. Une fois sur place, le patron de l'officine me prend en charge.

— Mon petit, je peux seulement te faire un pansement propre, mais il faut que tu ailles te faire recoudre à l'hôpital.

Quelques kilomètres et quelques points de suture plus tard, je suis de retour au château, pile à l'heure pour le repas. Monsieur T. ne me jette même pas un coup d'œil. C'est ça le problème, avec les héros : les autres croient toujours que vous pouvez vous en tirer tout seul, quoi qu'il vous arrive. L'ennui, c'est que vous êtes bien obligé de leur donner raison.

Il ne voit rien, ce directeur de malheur. Si nous jouons au chat et à la souris dans le parc, si nous dormons bien la nuit, si nous rions, il croit que le bonheur nous étouffe. Il ne devine pas à quel point nous sommes seuls, et moi plus que les autres. La plupart de mes camarades ont un frère ou une sœur. Rouki, par exemple, est toujours suivi par un adorable petit morveux : mon copain a beau râler contre lui à la moindre occasion, son frère occupe la première place dans son cœur et c'est bien normal. Je donnerais tout, moi aussi, pour aimer et être aimé. Le temps passe, voilà déjà trois ans que ma famille a quitté le camp de Beaune-la-Rolande, trois ans sans nouvelles. J'ai besoin de retrouver mes parents, les prières incessantes de maman et les jacasseries de mes sœurs. J'ai besoin de retrouver un univers familier, besoin de dormir dans un espace qui ne soit pas envahi par des dizaines de lits et autant d'odeurs, autant de cœurs malades de chagrin. Madame Margel semble prête à m'offrir tout ce qu'elle possède : son foyer dans lequel je suis aussi bien accueilli par son mari que par sa fille, leur magasin de meubles où j'aurai ma place si je le désire, un avenir en somme. Je ne suis prêt pour rien. Je ne renonce pas à ma vie d'avant. D'ailleurs, personne ne m'y encourage au château de Méhoncourt. Une fois, une seule fois, un mot parvient à mes oreilles et prend le risque de m'ouvrir les yeux sur la possibilité que mes parents ne reviennent jamais. Nous sommes dans le parc, des enfants par dizaines, moi parmi eux. Passe un camion de l'armée américaine, il marque un arrêt contre la grille, juste le temps de nous distribuer quelques friandises, je suppose. Mais notre attention est aussitôt attirée sur la plate-forme arrière, où plusieurs prisonniers allemands se tiennent assis, encadrés par des soldats américains. Quelques-uns, parmi nous, commencent à leur jeter des cailloux. Les cris des enfants alertent vite monsieur T. qui nous rejoint : les Américains nous reprochent de lancer des pierres sur les prisonniers, ils nous grondent et le directeur ne peut visiblement pas l'admettre. Je découvre qu'il parle allemand et que sa fureur peut se porter sur d'autres que nous quand nous cassons une assiette ou une latte du parquet. Il se déchaîne contre les prisonniers. Il hurle certaines phrases

dans leur langue et quelques autres dans la nôtre. J'entends qu'il les accuse :
— Vous avez assassiné leurs parents !
Et il nous montre, tous, d'un geste large du bras. Comment cela, assassiné ? Pas tous, quand même ! Il est complètement fou, ce directeur. Je ne vais pas avaler une énormité pareille. Il doit parler de la guerre en général, des victimes françaises, des pères de tous les enfants de ma génération. Il ne peut pas désigner Schmoul et Sara Weismann. C'est impossible. Le camion redémarre, le directeur regagne son bureau en maugréant, les enfants s'éparpillent. Fin de l'incident. Demain, madame Margel vient me chercher. Nous irons d'abord dans un salon de thé manger des pâtisseries crémeuses, nous passerons un moment par le magasin et nous finirons la journée chez elle autour d'un chocolat chaud. Rien ne sert de se précipiter à croire de mauvaises nouvelles qui ne sont même pas vraies, si ça se trouve. Il en sait quoi, le directeur ? Je vais continuer d'attendre.

Comment les Margel ont-ils réussi à traverser la guerre ? C'est un vrai mystère. Odette est petite, toute ronde, elle ressemble à madame Tout-le-Monde. Maurice, en revanche, porte clairement sur son visage ses origines ashkénazes et il ne prononce pas un mot sans un accent yiddish des plus prononcés. Pendant l'Occupation, ils ont vécu quelque temps à Nice. Ils se sont fait baptiser mormons, sûrs que les Allemands leur ficheraient la paix. Madame Margel me raconte en riant comment elle a échappé à un contrôle.

— Ils m'ont demandé de montrer mes papiers : j'ai ouvert la carte d'identité, j'ai mis le doigt sur mon nom, Margel, en faisant bien attention de le prononcer à la française, et j'ai ajouté : née à Grodek ! Là-dessus, j'ai refermé la carte, et j'ai lancé, comme si j'étais particulièrement fière de mes origines : Grodek, Finistère ! Eh bien ils n'ont pas cherché plus loin !

— Mais c'est où Grodek, en vrai ?

— En Pologne mon chéri, en Pologne !

— Mes parents aussi, ils sont nés en Pologne. Papa vient de Lublin.

Elle acquiesce en silence, longuement, avec un sourire des plus tendres. Je ne veux pas la gêner davantage.

— Et votre mari, ils n'ont pas regardé sa carte d'identité ?

— Ils faisaient bien pire que ça, figure-toi ! Surtout les Italiens, qui étaient du côté des Allemands au début, tu sais ?

— Qu'est-ce qu'ils faisaient ?

— Ils exigeaient que les hommes baissent leur pantalon, comme ça, en pleine rue ! Pour vérifier s'ils étaient circoncis.

Cette fois, c'est moi qui reste muet.

Cela fait maintenant plus de trois mois que je me rends chez madame Margel un jour par semaine.

Nous nous entendons bien. Elle est la première personne adulte – depuis mes parents bien sûr – avec qui je ris ouvertement. Nous conversons d'égal à égal. Elle ne me fait jamais sentir à quel point je suis jeune, elle me questionne beaucoup sur mes goûts, mes idées, bref, elle me respecte. Nous nous tutoyons maintenant et je l'appelle même par son prénom. Il me vient une idée : puisqu'elle semble manquer d'un fils, puisque nous sommes si bien ensemble, elle pourrait me sortir du château ? Je prends une grande inspiration et je me lance.

– Odette, j'ai pensé à quelque chose... Je pourrais venir vivre avec toi. J'en ai assez de l'orphelinat.

– Mon grand, c'est impossible. Je ne peux pas t'adopter.

– Je ne veux pas que tu m'adoptes ! Si tu fais ça, je perdrais mon nom, mes parents ne pourront jamais me retrouver. Non, juste me prendre avec toi, tous les jours, et pas seulement le dimanche...

– Écoute... Je vais réfléchir.

La semaine suivante, elle fait une joie immense au directeur de Méhoncourt en lui demandant ma garde. Ce qu'il accepte, évidemment. Car ce que je refuse d'imaginer, lui le sait bien : mes parents ne reviendront jamais des camps.

Au château de Méhoncourt, j'ai raconté à deux copains mon aventure avec Raymonde. Je croyais les faire rire en leur décrivant cette fameuse nuit où elle avait multiplié les assauts, je ne me suis attiré que leur mépris. Il faut croire que je suis un parfait imbécile de ne pas avoir profité de la situation... Madame Margel a eu une fille d'un premier mariage, Jacqueline, plus grande que moi elle aussi, et très jolie. Elle doit me trouver bien odieux de mettre une telle distance entre nous : ce n'est pas que je me croie irrésistible, mais quoi qu'en pensent mes copains, je crains beaucoup que la situation rencontrée chez la vieille ne se renouvelle !

J'aime vivre chez les Margel. Persuadée que je pourrais réussir de brillantes études – je me demande bien pourquoi ! – Odette m'a inscrit à un cours complémentaire : je retourne à l'école et pour la première fois de ma vie, il est vrai que j'aime plutôt ça. Maurice est un homme assez discret à la maison. Il ne parle pas beaucoup, certainement parce qu'il maîtrise mal le français. Il ne sait pas à quel point j'aime l'entendre me dire quelques mots en yiddish, le soir en rentrant du magasin. C'est la langue de ma mère, et si la voix de Maurice est différente, ses intonations et la tendresse qu'il place dans chaque phrase me ramènent rue des Abbesses.

Le bonheur est de courte durée : au bout de quelques mois, j'ai une fièvre lancinante qui ne me quitte plus. Le médecin de la famille, ne trouvant pas d'explication à mon état, m'envoie à l'hôpital du Mans où l'on décèle une primo-infection : une maladie de la plèvre, la membrane qui protège le poumon. C'est la dernière alerte avant la tuberculose. Trop de privations, pendant trop d'années, ont donc eu raison de ma santé. Finis les repas en famille le soir, finis les cours dans la journée, finie la promenade du dimanche : je me retrouve coincé dans un lit où l'on me gave de vitamines en attendant que se libère une place dans un préventorium.

Ce sera le Christomet, à Megève, en Haute-Savoie. Heureusement que la fièvre et la faiblesse de ma constitution me maintiennent dans un état de torpeur. Là-haut dans la montagne, les journées se ressemblent toutes : un petit-déjeuner copieux, une balade au bon air, un repas riche en protéines et en vitamines, puis une sieste de quatre heures sous un solarium, deux heures à jouer au bridge ou aux échecs, un dîner, et au lit ! Seules les lettres que je reçois d'Odette et Maurice égaient mon quotidien. De mes parents, en revanche, je n'ai toujours aucune nouvelle. J'ai l'impression que ma vie a de nouveau été mise entre parenthèses par je ne sais quelle force surpuissante, à moins que ce ne soit simplement le fait du hasard. Je suis en attente. Plus rien ne se passe, ni dans ma tête ni dans mon cœur. Je n'ai plus faim de rien, plus d'envie, je ne pense même pas à demain et à ma vie d'homme qui pourrait commencer maintenant si j'étais en meilleure forme. J'ai passé mes quinze ans. En théorie, j'ai donc presque l'âge d'exercer un métier. L'âge de gagner de quoi subvenir à mes besoins. Les autres garçons, en ville, flirtent avec des filles, ils vont au cinéma, ils se retrouvent entre amis pour une partie de cartes ou pour aller danser. Moi, je dors toute la journée. De toute façon, je ne suis même pas sûr que je me comporterais comme les autres si je me trouvais au Mans, chez les Margel ou ailleurs. Je n'ai pas eu mon quota d'enfance, je doute aussi de pouvoir faire un bond en avant à ma sortie du préventorium. Les souvenirs heureux que je n'ai pas pu engranger depuis l'été 1942 me manqueront toujours. Je crains que le temps perdu ne se rattrape jamais. Et voilà que j'en perds encore... Ici, tout me semble tellement long...

Mon calvaire au Christomet va durer un an. C'est le temps qu'il leur faut pour décider de ne plus garder un Juif. Il faut dire que les manifestations d'antisémitisme se multiplient à l'intérieur de l'établissement. Un jour que je jette un coup d'œil sur la toile que peint un jeune type, un snobinard du XVIe arrondissement de Paris, en cure lui aussi, je suis écarté d'une insulte :

– Fous le camp, Juif ! Tu salis mon œuvre...

Son œuvre... Pauvre cloche !

J'ai pour me défendre un abbé d'une grande générosité, un grand gosse qui n'a que des gentillesses à dire. Il est malade également et il vient de la Sarthe lui aussi, ce qui nous a rapprochés. Chaque samedi soir, c'est à moi qu'il confie le soin de préparer la sainte chapelle avant la messe. Il s'agit de transformer la salle de jeu en église pour le lendemain. L'occasion de boire un petit verre du vin réservé à l'office... Un jour, nous recevons l'archevêque de Paris. Mon abbé enfile sa plus belle soutane et explique à chaque curiste le comportement à adopter face à notre visiteur.

— Vous devrez vous présenter devant lui, les uns après les autres, mettre un genou à terre et baiser doucement l'anneau qu'il vous présentera.

Je prends mon tour dans la file, je progresse à petits pas vers monseigneur Suhard, celui-là même qui a béni la sortie des troupes allemandes quand elles ont quitté Paris. Alors que je commence à fléchir pour prendre la position demandée, je sens une main qui m'attrape par le col et m'éjecte manu militari avec ce commentaire définitif :

— Pas celui-là, il est juif !

Ils me renvoient au Mans donc, et tant pis si je ne suis pas encore guéri. Robert Jarry, futur maire de ma ville et malade lui aussi, a subi le même sort mais pour d'autres raisons : on l'a renvoyé du préventorium à cause de son appartenance au Parti communiste.

J'ai appris pour le gaz, dans les camps. Mais je sais également que des déportés ont fini par revenir. On dit qu'ils n'ont pas été aussi bien traités que moi, à Auschwitz et dans les autres camps. S'ils ont survécu, eux, j'arriverai bien à vaincre la maladie... Mes parents, mes sœurs, j'espère encore les revoir. Je n'en suis plus aussi certain qu'à la Libération, un doute s'est installé en moi, mais je le fais taire avec autorité. Je ne peux pas concevoir plus d'une poignée de secondes que des personnes aussi bonnes et honnêtes que mes parents aient été tuées, ni que deux petites filles innocentes aient été abattues pour la seule raison qu'elles étaient juives. Je trouverais aussi tellement injuste de ne pas les serrer dans mes bras à nouveau, après tout ce que j'ai vécu depuis leur départ... Alors non, je ne veux pas penser au pire. Je choisis même de croire au meilleur, coûte que coûte. Et je rentre chez les Margel, pas fâché de devoir terminer dans la chaleur de leur foyer une interminable convalescence.

Je vais constater très vite que l'antisémitisme ordinaire a perduré ici aussi et s'exprime aussi librement que pendant la guerre. Les époux Margel m'offrent la possibilité de suivre le cours Pigier pour y apprendre la comptabilité. Quand j'arrive, la session a commencé depuis plusieurs semaines et je dois me fondre dans une promotion déjà constituée. Le directeur ne me présente pas aux autres étudiants mais je reconnais l'un d'eux, le fils d'un grand épicier du Mans, autant dire un notable. Nous les avions croisés un dimanche, madame Margel et moi, alors qu'ils faisaient une promenade en famille. Elle m'avait parlé d'eux, discrètement, une fois à bonne distance. Une place est libre, une seule : à côté de ce petit bourgeois pédant et orgueilleux. Le directeur s'en excuse.

— Michel, je suis désolé, je suis obligé de mettre ce garçon à côté de vous. Mais je vous promets que ça ne durera pas longtemps.

Il a dit « ce garçon », pas « ce Juif ». C'est peut-être un progrès… Quelques mois plus tard, nous passons tous l'examen final. Je suis recalé pour un quart de point quand tous les autres sont reçus. J'ai dû commettre une erreur en trop, quelque part… Ça ne fait rien. J'ai seize ans, l'âge d'entrer dans la vie active. La voix est toute tracée : un poste d'employé de bureau m'attend chez les Margel.

Maurice et Odette me donnent confiance en moi, comme mes parents auraient pu le faire s'ils avaient été auprès de moi ces dernières années. Ils m'encouragent à ne laisser passer aucune chance, à réclamer sans rougir ce que j'estime m'être dû. Justement, j'ai lu dans un journal que la FNDIRP, la Fédération nationale des déportés et internés, résistants et patriotes, a décidé de faire don d'une canadienne aux anciens prisonniers. Même si les hivers ne sont pas des plus rigoureux dans la Sarthe, un manteau chaud et moelleux, j'en rêve… Je me présente donc dans les bureaux du généreux organisme. De toutes les personnes qui attendent là, je suis le plus jeune. Quand vient mon tour, je tends ma carte d'interné, celle-là même que la Fédération m'a remise quelques mois plus tôt. Un homme la saisit, la regarde attentivement, et me la rend aussitôt.

— Jeune homme, vous n'avez pas droit à cette canadienne. Vous n'avez pas été interné assez longtemps.

Je le regarde avec étonnement, mais une colère violente monte déjà en moi.

— Comment ça, pas assez longtemps ?

— Il faut avoir passé au moins six mois dans un camp.

— Six mois ? Il aurait fallu que je reste six mois ? Et que je prenne le train avec mes parents sans doute ?

— Exactement.

Le calme de cet homme me met hors de moi. Je ne cherche même pas à savoir s'il a conscience de l'énormité de ses arguments. Je suis fou de rage.

— Mes parents et mes deux sœurs ont été arrêtés le 16 juillet 1942. C'est une date qui vous dit quelque chose ? Figurez-vous que j'étais avec eux. Nous avons passé cinq jours au Vélodrome d'Hiver. Ensuite on nous a emmenés dans un camp à Beaune-la-Rolande, dans le Loiret, vous avez dû en entendre parler aussi, non ? On n'avait rien à bouffer, on nous traitait comme de la merde. C'était il y a presque cinq ans, j'ai pu m'évader mais toute ma famille a été déportée, comme vous dites. Aujourd'hui, je ne sais pas ce qu'ils sont devenus. Je ne sais pas si je les reverrai un jour !

Je hurle, plusieurs employés de la Fédération nous ont rejoints dans le bureau, les gens qui attendaient derrière moi se sont approchés. L'homme à qui je m'adresse n'essaie même pas de me faire taire. Alors que je lui parle, il semble soudain prendre conscience de ce que j'ai vécu mais il a surtout l'air étonné par la force de ma colère. C'est vrai que je n'ai que seize ans, que j'en parais quatorze, et que ce n'est pas un âge où l'on se permet de s'exprimer de cette façon face à un adulte. En théorie. Mais qu'est-ce que la logique et les bonnes manières ont à faire dans ma situation ? Une canadienne, ce n'est rien en soi. Finalement, je me fiche pas mal de porter ce manteau ou un autre que j'aurais acheté moi-même. Seulement en me le refusant pour ce prétexte absurde que mon calvaire n'a pas duré assez longtemps, cet employé de la Fédération nie purement et simplement ce calvaire et les souffrances que j'ai endurées. Il trace une croix définitive sur cette partie de mon histoire que je traîne comme un boulet. Il affirme que rien de tout cela n'a existé, ou que ça ne compte pas, que je n'ai pas le droit de m'en plaindre, pas le droit de demander réparation. Que je ne suis pas une victime en somme. Mais qu'est-ce que je suis, alors, si je ne suis même pas cela ? Je repars avec un manteau un peu trop grand pour moi. Je peux grandir encore de quelques centimètres, il m'ira toujours.

J'ai un défaut bien commode : quand la vérité ne me convient pas, je l'occulte, elle n'existe pas. En 1947, une fois tout à fait remis de ma primo-infection, presque serein et heureux chez les Margel qui m'ont accueilli comme un fils, j'apprends ce qui s'est vraiment passé, là-bas, une fois les trains arrivés à destination. Les noms sonnent de façon moins poétique que *Pitchi Poï* à mes oreilles. Auschwitz,

Sobibor, Treblinka, Chelmno, Majdanek... Tous ces camps se trouvaient en Pologne. C'est donc vrai que mes parents sont retournés sur leur terre natale, finalement. J'écoute la radio, je lis les journaux. J'entends par la voix de personnes compatissantes autour de moi qu'ils ne rentreront sans doute pas. Elles me le disent avec douceur, je lis dans leurs yeux l'intention noble et généreuse de me faire avancer vers la vérité en me blessant le moins possible. Je les entends, mais je ne les écoute pas. Je détourne la tête, je vais voir ailleurs. Ce qu'elles disent ne m'atteint pas vraiment, je ne les crois pas. Des horreurs ont été commises, mais je considère que cela ne me concerne pas.

Madame Margel pourrait se planter face à moi, me saisir par les épaules et m'obliger à l'écouter sans l'interrompre ni détourner le regard. Elle pourrait me dire : « Joseph, je suis navrée, j'ai consulté les registres tenus par les Allemands à Auschwitz, je sais quel jour les membres de ta famille sont arrivés là-bas et je sais que, hélas, ils ne reviendront jamais. » Elle pourrait me dire : « Je sais à quel point cette nouvelle va te faire souffrir, je sais que je ruine tous tes espoirs, mais tu dois te faire une raison maintenant, tu dois renoncer, aller de l'avant. » Seulement elle ne dit rien, par bienveillance certainement. Sans doute pense-t-elle que je finirai par comprendre, avec le temps, que chaque jour qui passe m'aide à me faire à l'idée que je suis orphelin et que c'est irréversible.

Je m'arrange du silence de madame Margel, comme je me suis arrangé du silence de l'homme venu chez la vieille pour nous chercher, Judith, Léa et moi, comme je me suis arrangé du silence du directeur du château de Méhoncourt. Ce silence, je le chéris parce qu'il me permet d'entretenir l'espérance de retrouver les miens. Bien sûr, certains jours de vague lucidité, je réalise qu'il est plus qu'improbable que mes parents et mes sœurs aient échappé aux massacres. Des chiffres incroyables sont avancés. On parle de plusieurs millions. Cela me paraît tout simplement impossible. Et si je choisis d'y croire, de l'admettre, même un dixième de seconde, cela me plonge dans une détresse abyssale. Je continue donc de douter, c'est préférable, pour ma propre survie. C'est un choix inconscient, mais je décide de m'accorder, pour quelque temps encore, le bénéfice du doute. Je n'entreprends aucune démarche auprès des autorités compétentes pour connaître le destin des Weismann. J'ai entendu parler de l'hôtel Lutetia où tous les renseignements obtenus sur les déportés ont été rassemblés après la guerre. Je sais que là-bas, des photos des Juifs persécutés sont affichées, par milliers. Peut-être qu'en regardant ces clichés, un à un, je finirais par tomber sur papa, maman, Charlotte ou Rachel. Mais que m'indiquerait la légende, juste en dessous ? Le numéro d'un convoi ? Qu'importe le numéro. Autre chose ? J'ignore ce qu'il y a à savoir, mais je préfère l'ignorance. Il est toujours hors de question, pour moi, de renoncer à la tendresse de ma mère.

Ma pauvre Odette en souffre sûrement : sans la repousser vraiment, je la maintiens à une distance respectable. Je l'appelle ma tante. Ça me va bien. Un oncle, une tante, on les aime. Ils sont de la famille, ils ont des droits sur leurs neveux et nièces, ils peuvent prendre des décisions pour eux, ils ont même le devoir de les secourir si les parents ne peuvent assumer leurs responsabilités. Voilà ce que représentent Odette et Maurice pour moi : plus que des étrangers, mais en aucun cas ils ne pourraient occuper la première place dans mon cœur. Un oncle et une tante, c'est bien.

D'ailleurs, en pensant à cela, je me dis que j'ai déjà deux oncles : les deux frères de maman, venus s'installer en France quelques années avant elle. Quand nous avons été arrêtés, le jour de la grande rafle du Vél'd'Hiv, ils étaient toujours libres et ils n'ont jamais été pris. Par l'intermédiaire de l'OSE, j'ai appris que l'un s'est caché dans la Sarthe, quel drôle de hasard, et que l'autre s'en est sorti aussi grâce à l'aide de voisins. Je sais où ils habitent, je peux aller les voir quand je veux. Rien de plus facile. Quelque chose me retient pourtant, comme en août 1942 : déjà, en arrivant à Paris, j'avais préféré me rendre chez le père Fabri.

Je me suis disputé avec Odette et Maurice. Furieux parce qu'ils ne m'accordaient pas assez de liberté à mon goût, j'ai fait mon baluchon et j'ai pris le train pour la capitale en leur lançant un adieu tonitruant. Je loge chez Momo, un ancien camarade du Mans qui m'encourage sans grand succès à la modération.

— Écoute Joseph, les Margel se prennent pour tes parents, mais c'est pour te protéger, c'est parce qu'ils t'aiment.

— Je m'en fous. Ils n'ont aucun droit sur moi, je veux plus les voir. Je vais trouver un petit boulot par ici et ça ira très bien pour moi comme ça.

Pas question non plus de m'installer chez l'un de mes oncles, mais je leur rends quand même une petite visite. Émile n'est pas vraiment étonné de me trouver sur le pas de sa porte : Odette, persuadée que je me suis réfugié chez lui, lui a écrit une lettre. Il me la montre avec l'espoir de participer à la réconciliation. C'est une véritable déclaration d'amour qu'elle a envoyée. Elle y affirme son attachement pour moi, le fils qu'elle n'a pas eu, elle rappelle qu'elle m'a tout donné depuis qu'elle m'a récupéré, encore tout jeune, au château de Méhoncourt, elle promet qu'elle m'offrira tout ce que je pourrai espérer pourvu que l'on me rende à elle. Ce cri d'amour est terriblement émouvant, et c'est sans doute à ce moment-là que je prends ma décision : je resterai chez les Margel.

Chez mon autre oncle, Albert, je peux lire une lettre semblable. Le frère de ma mère me reçoit donc chez lui également, mais avec un air des plus embarrassés. De toute façon, je n'attends rien de lui. Quand vient le moment de nous quitter, il me dit :

— Je suis ton oncle, je devrais m'occuper de toi.

J'entends aussi ce qu'il ne dit pas. Qu'il ne

compte pas le faire, qu'il n'en a jamais eu l'intention, mais qu'il s'en excuse, en quelque sorte. Je le rassure bien vite.

— Ne t'inquiète pas, je suis très bien où je suis.

Et c'est vrai que je suis heureux, au fond, chez les Margel. Ils m'offrent plus que la chaleur de leur maison, à commencer par un travail. L'entreprise n'est pas des plus florissantes, certes, mais c'est un travail quand même... Les copains que j'ai conservés du cours Pigier adorent sortir, draguer les filles, boire des verres et aller danser. Moi, pas tellement, mais j'ai gardé mon côté Farfadet et je suis souvent d'humeur joyeuse. Dans le groupe, je suis celui qui fait marrer les autres. C'est un rôle que j'endosse surtout pour être tranquille : on ne pose pas de questions trop personnelles à un jeune homme heureux. Odette est persuadée que Don Juan s'est réincarné en moi. Elle lance à qui veut l'entendre :

— Garez vos poules, je lâche mon coq !

Elle se trompe, hélas. La fille de la vieille, par sa tentative de viol, m'a durablement traumatisé. Par bonheur, une employée du magasin, prénommée Raymonde elle aussi, jeune divorcée de vingt-huit ans, va bientôt se charger de faire mon éducation. Quand je partirai pour mon service militaire, je rougirai moins en écoutant les conversations scabreuses des camarades.

Au bureau du magasin de meubles, parmi les paperasses, je m'ennuie ; mais dans la boutique, je fais des merveilles. Je sais tout sur la fabrication des chevets, des canapés-lits, des armoires à trois portes avec leur glace au milieu. Je fais l'article aux acheteurs avec un aplomb incroyable. Je nous revois dans notre fuite, Jo Kogan et moi, imitant les bombardiers sur Paris pour des gamins mal intentionnés à notre égard : dans la boutique des Margel, je joue le pro du meuble avec autant de conviction, comme si ma vie en dépendait. Je comprends vite que la vente, c'est comme la musique : on a un don ou pas. Je suis le Mozart du buffet de cuisine !

Dommage qu'il n'y ait pas de prodige de la comptabilité dans les bureaux... Maurice, convaincu que les recettes égalent les bénéfices, donne des sommes folles à diverses institutions. Sa générosité mène vite le Meuble Chic au redressement judiciaire : chaque semaine, il faut désormais porter l'argent encaissé à un syndic qui gère notre affaire. Le tribunal nous accorde cinq ans pour relever la tête. Nous travaillons tous d'arrache-pied pour y parvenir. Malheureusement Maurice, atteint de tuberculose depuis des années, souffre d'une santé de plus en plus délicate. Il a déjà eu plusieurs pneumothorax et il a dû subir autant d'opérations aux poumons. Il s'éteint lentement, sans se plaindre des souffrances physiques qu'il endure certainement, dans son propre lit, le 17 mai 1951, nous laissant seuls, Odette, sa fille et moi. Nous l'enterrons dans le carré juif en présence de quelques membres de la communauté. L'émotion est perceptible parmi nous, mais je ne verse pas une larme : ce qui arrive maintenant n'est rien en comparaison du drame qui s'est joué à Beaune-la-Rolande. J'ai peur d'avoir le cœur bien dur à présent. Je n'y peux rien : tout me ramène à mon passé. Perdre Maurice constitue une épreuve difficile, certes, et je me sens triste à l'idée de ne plus jamais le voir, mais en ce qui me concerne, je ne perds pas un père.

L'entreprise, en convalescence, n'a pas non plus perdu son patron : c'est Odette le chef, incontestablement. Je me permets pourtant d'intervenir par amour pour cette femme que je ne vais pas pouvoir seconder pendant un an et demi : je dois partir en septembre faire mon service militaire. De toute l'armada de vendeurs qu'elle avait embauchés, nous n'en gardons qu'un, ainsi qu'une secrétaire au bureau, et un livreur. En octobre, il faudra pouvoir régler le montant de la première échéance fixée par le tribunal. J'ai touché une petite somme de l'État en guise de compensation pour les dommages subis ces dernières années… Elle me servira à régler l'affaire le temps venu. Oui, je me comporte un peu comme le directeur des opérations. Mais il en faut bien un et puis Odette m'y encourage, exactement comme elle pourrait encourager son fils.

— 10 —

DEVENIR FRANÇAIS

Le pire, c'est que j'ai dû me battre pour être appelé sous les drapeaux... J'ai vu tous mes copains partir, les uns après les autres. Ils recevaient d'abord une convocation de la part de la mairie, puis ils se présentaient à poil, à la préfecture, devant le conseil de révision qui les jugeait aptes ou non... Dans ma petite bande d'amis rencontrés au cours Pigier, ils étaient tous bons. Jacques a été envoyé en Tunisie, Michel est parti au Maroc. Aucun ordre ne venant pour moi, j'ai décidé de me rendre à la mairie pour demander la cause de cet oubli...

Je me retrouve face à une employée peu souriante qui n'aime visiblement pas qu'on lui demande des comptes.

— Bonjour madame, je m'appelle Joseph Weismann, je suis né le 19 juin 1931 à Paris, et je viens vous voir parce que je m'étonne de ne pas avoir été appelé pour faire mon service militaire.

— Vous insinuez donc que j'aurais mal fait mon travail ?

— Madame, je n'insinue rien de tel, seulement je

pense que je dois faire mon service, comme tous les garçons de mon âge, voilà tout.

— Si on ne vous a pas appelé, il doit bien y avoir une raison.

Je la devine, mais je préfère ne rien dire… J'insiste pour accomplir mon devoir, l'employée de mairie cède.

— Laissez-moi vos coordonnées, on vous écrira.

La lettre n'a pas tardé : huit jours plus tard, je me rends au camp d'Auvours, à une dizaine de kilomètres du Mans. Pendant les trois semaines où nous séjournons là pour ce qu'on appelle les classes, je sympathise avec Guy, un jeune notaire qui se serait bien passé de l'aventure militaire. Je lui explique que je suis allé moi-même au-devant du service. Il n'en revient pas.

— Quelle idée ! Ils t'avaient oublié, tu aurais pu en profiter pour rester tranquillement chez toi.

Je ne lui parle pas de ces garçons juifs — j'en connais plusieurs — qui ont cherché à se faire réformer de crainte de subir l'antisémitisme de leurs camarades de chambrée. Ils savaient que dès la première douche, ils seraient identifiés comme juifs et risqueraient d'être mis à l'écart, voire maltraités. Tous ce que nous avons enduré pendant la guerre nous a marqués durablement, et il y a de quoi. Mais je m'inscris dans une démarche différente. Je ne veux plus me cacher. Je ne revendique aucun statut particulier pour autant, aucune faveur, au contraire.

— Vois-tu Guy, je ne voudrais surtout pas que

les gens puissent dire un jour de nous : *regardez les Juifs, ils voudraient bénéficier des mêmes droits que les Français alors qu'ils ne font même pas leur service militaire.*

— Personne ne dirait ça ! Pas après ce qui s'est passé pendant la guerre.

— Détrompe-toi. Les mentalités n'ont pas beaucoup évolué. On me le jetterait à la figure à chaque occasion possible.

Après nos classes, après avoir appris à marcher au pas, un fusil sur l'épaule, gauche droite, garde à vous et tout le tralala, Guy et moi nous retrouvons dans un train pour Cherbourg. Les autres gars, normands et bretons pour la plupart, quittent leur village pour la première fois. Ils vivent une expérience nouvelle, la liberté, ils s'égaient comme des larrons en foire. Ça vole bas entre les types… Moi qui ne suis qu'un petit marchand de meubles, je ne fais pas partie des intellos, mais alors là…

Un soir après les exercices, un garçon du Morbihan, deux fois grand comme moi, et peut-être deux fois plus large aussi, me somme de m'expliquer.

— Toi le Joseph, tu es juif ! Alors tu vas payer ton litre, et pis tu vas expliquer ton cas !

Ce n'est pas Joseph qui s'exécute, c'est Farfadet.

— D'accord, apporte les verres. Mais dis-moi d'abord, qu'est-ce que tu penses que c'est, un Juif ?

Il est bien embarrassé par ma question. Je ne le lâche pas pour autant.

— Toi, tu as écouté la TSF pendant la guerre, pas vrai ?

Il acquiesce, presque honteux.

— Alors quoi ? Tu m'as vu à poil dans la chambre. Est-ce que j'ai une bosse dans le dos ?

— Ben... Non.

— Et mon nez, tu le trouves très crochu ?

— Non, sûr que non !

— Veux-tu que j'enlève mon béret pour te montrer mes cornes ?

— Allez, fais pas de blagues... Mais alors, tu es fait comme nous ?

— Ben tu vois.

Quand les Américains avaient débarqué dans la Sarthe, quand je les côtoyais tous les jours, leur servant de guide et d'interprète dans les fermes de la région, je ne leur avais pas dit que j'étais juif. J'en avais encore trop honte. Mais le temps a fait son œuvre. Nous sommes en 1951, j'ai vingt ans. J'ai grandi, j'ai appris. Des historiens ont fait les comptes. On parle de millions de mes semblables assassinés dans le monde pour le seul motif qu'ils étaient juifs. J'ai fini par admettre que parmi ces millions de gens, il y avait un homme nommé Schmoul Weismann, sa femme Sara, et leurs deux filles, Charlotte et Rachel. J'aurai attendu leur retour pendant neuf ans avant d'admettre l'idée que c'était impossible. Cela a été long, mais j'y suis arrivé. J'en ai versé, des larmes, dans le secret de ma chambre chez les Margel. Je me suis reproché d'avoir gardé espoir si longtemps et je m'en suis félicité tout autant : au fond, si j'avais espéré si ardemment le retour de mes parents et de mes sœurs, c'est bien que je les aimais et que j'étais loyal envers eux. Peut-être aussi me sentais-je coupable d'être vivant alors qu'ils avaient tous disparu...

Quoi qu'il en soit, à vingt ans, quand je me suis senti prêt à affronter le regard des autres jeunes gens sur mes origines, je n'avais plus honte d'être juif. Et à présent que me voici sommé de m'expliquer par ce Morbihannais, je sens naître en moi une agressivité qui ne me lâchera certainement jamais. Si les Français n'avaient pas gobé aussi bêtement les arguments de la propagande, s'ils avaient eu plus tôt ce sursaut de curiosité, comme mon camarade de chambrée aujourd'hui, s'ils avaient cherché à savoir par eux-mêmes si vraiment le diable s'était incarné en chaque Juif, alors toutes les horreurs des camps n'auraient pas été commises.

Avec mon certificat d'études, j'ai plus d'instruction que la plupart des garçons du régiment, ce qui me vaut d'être affecté à l'état-major avec mon ami : Guy est chargé des permissions, moi de la logistique. Un certain Marshall a organisé un plan pour relever la France de sa misère. Quand un cargo arrive, bien approvisionné, dans le port de Cherbourg, il faut le faire décharger rapidement pour laisser la place au suivant. Mon travail consiste à distribuer les bons d'essence dans un pays où celle-ci manque tellement qu'elle est rationnée à l'extrême. Les particuliers n'en obtiennent quasiment jamais, ou trop peu pour leurs loisirs, elle est réservée aux activités professionnelles et aux secours. Mon commandant, un homme d'une grande probité, m'accorde sa confiance la plus totale et je fais tout pour m'en montrer digne. Il me signe les bons en blanc : à moi d'en faire bon usage. Je m'acquitte de ma charge avec sérieux et presque gaiement : j'ai l'impression réelle de participer à la reconstruction de mon pays. Les ennuis se présentent souvent sous les traits de sous-officiers, mes supérieurs donc, qui se permettent d'exiger quelques litres de carburant pour leurs besoins personnels. D'un côté, ils ont théoriquement le droit de me donner des ordres, de l'autre, je n'ai pas le droit, moi, de désobéir à mon commandant. Un jeune gradé se montre plus pressant que les autres.

– Je dois partir en week-end avec ma femme, pour un mariage dans sa famille, il me faut vingt litres.

– Mon lieutenant, je suis désolé, mais c'est impossible.

– Écoutez, vingt litres, sur le stock, ça ne se remarquera pas.

– Si je vous en donne à vous, je devrai aussi en donner aux autres. C'est impossible, je vous le répète.

– Je vous promets de sérieux ennuis si vous ne me donnez pas ce bon !

– Mon lieutenant, je viendrai balayer votre cuisine, astiquer votre baignoire et récurer votre vaisselle si vous le souhaitez, mais je ne vous donnerai pas d'essence.

Certains camarades, qui ont la responsabilité de gérer d'autres types de denrées tout aussi rares que le carburant, font de très bonnes affaires dans des tractations de ce genre. Pas moi : il ne sera pas dit que le Juif Joseph Weismann n'a pas fait son service militaire, il ne sera pas dit qu'il s'est mal conduit avec les propriétés de l'État. Tu vois papa, la leçon est bien rentrée dans ma petite cervelle, finalement : quand on ne veut pas de nous, on ne fait pas les marioles.

Pour la première fois depuis l'été 1942, j'évolue dans un microcosme qui n'est pas un ghetto. Les orphelinats successifs dans lesquels j'ai été recueilli enfant ne concernaient que les Juifs. Nous étions réunis parce que nous avions un point commun : nous étions à la fois des fuyards et des victimes. Chez la vieille, j'ai entrevu comment on vit dans un village français, mais c'était encore en temps de guerre, de privations, de peur ; les comportements des gens étaient altérés par les difficultés du quotidien. Grâce au service militaire, enfin, je découvre la population française dans toute sa variété. Certes la caserne n'héberge que quelques centaines de personnes, et seulement des hommes, mais ça ne fait rien : il y a là un paysan, un grutier, un comédien, un notaire, un commerçant, un pêcheur, un mécanicien, et nous sommes égaux. Ils sont baptisés, ou pas, qu'importe, tout comme importe peu le fait que je sois juif. Pour la première fois depuis ce jour de juin 1942 où l'on a cousu une étoile jaune sur ma chemise, il m'apparaît que je suis dans un pays où ce qui nous différencie, d'un être à l'autre, ne compte pas pourvu que l'on se comporte bien. Je me dis que je pourrais en faire partie, de ce pays, même si ce n'est pas encore le cas. Je sais parfaitement pourquoi je n'ai pas été appelé à faire mon service en même temps que mes amis du même âge, et pourquoi il m'a fallu faire un tel raffut pour en être : pour l'Administration, je ne suis pas français.

Dès qu'ils m'ont recueilli, en 1946, Odette et Maurice ont tenté de me faire établir une carte d'identité. Ils ont d'abord écrit à la mairie du XVIIIe arrondissement, à Paris, pour obtenir un certificat de naissance : c'est un certificat de décès qui est arrivé dans la boîte à lettres. Officiellement, j'ai été déporté à Auschwitz avec mes parents et mes sœurs, et mon existence s'est arrêtée là… Revenu du préventorium, j'ai entamé de nouvelles démarches. Et puisque personne, ni à la mairie du Mans, ni à la préfecture, ne semblait en mesure – ou désireux – de régler ma situation, j'ai décidé de faire un procès à l'Etat. Ce qui m'a valu de me trouver face à un juge qui m'a envoyé à la figure cette phrase cinglante :

– Monsieur, n'est pas français qui veut.

Mes parents n'étant pas nés en France, je devais d'abord fournir la preuve de leur existence en Pologne. Mission impossible : toutes les archives ont été détruites pendant la guerre. La loi dit que l'on naît de la nationalité de son père, sauf s'il a demandé sa naturalisation française. C'est mon cas : papa a lancé une procédure en 1936 et elle a été menée à bien. Seulement voilà, le maréchal Pétain a révoqué toutes les naturalisations accordées aux Juifs entre 1920 et 1940.

Le temps passe, et arrive un jour où je suis convoqué à la préfecture.

– Monsieur Weismann, après examen de votre dossier, nous vous proposons un passeport d'apatride.

Je rentre tout penaud chez les Margel, je leur fais part de la nouvelle. Maurice bout de colère.

– Comment osent-ils ? Après ce qu'ils t'ont fait ! N'accepte surtout pas ! Tu dois continuer à demander ta carte d'identité française. Ne les lâche pas avant de l'avoir obtenue. Tu y as droit !

Le dossier Joseph Weismann, né le 19 juin 1931 à Paris, de parents polonais, a donc continué d'être instruit pendant plus d'un an. Il m'a suivi à Cherbourg pendant mon service militaire. Est-ce pour exercer une pression sur moi, pour que je renonce ? En tout cas chaque semaine je suis convoqué au commissariat, comme un délinquant en liberté surveillée. Jusqu'à ce jour, quelques semaines avant la quille, où l'officier de police qui me reçoit me fait part de la décision du ministère public.

– Monsieur Weismann, votre dossier est clos, vous n'êtes pas français.

Avec quel plaisir je joue l'imbécile…

– Vraiment ? Mais… C'est ennuyeux. Voyez-vous, je suis dans l'armée française. Depuis presque dix-huit mois maintenant : je termine mon service dans une quinzaine. Vous comprenez, je n'ai rien demandé, moi. J'ai été recensé, j'ai été déclaré apte, j'ai fait mes classes, mon service est presque fini et je suis même désormais soldat de première classe.

– Allons bon… Dans ce cas, je vais transmettre.

Mes dix-huit mois de service terminés, je pars avec un certificat de bonne conduite et la distinction qui précède le premier grade. C'est juste un galon de laine sur mon habit, ça ne me donne aucun avantage ni aucune autorité sur les autres soldats. Je n'ai parlé de mon histoire personnelle à personne. Si je dois m'alléger d'un poids, je ne le ferai pas face à ce public-là. Je garde secrète mon intimité la plus profonde, mes parents perdus, ma solitude, et jusqu'au fait que la France où je suis né, la France qui m'a tout fait, ne veut pas de moi.

Nous sommes en 1953, j'ai vingt-deux ans, une nouvelle famille qui se limite à Odette désormais, un avenir incertain dans une entreprise mal en point. Et toujours pas de papiers, donc. C'est le pot de terre contre le pot de fer. Qui, de moi ou de l'État, remportera l'affaire ? Je prends un avocat pour défendre mes droits. Mon livret militaire pèse lourd dans la balance : je suis désormais mobilisable en cas de conflit. Comment un juge pourrait-il me refuser la nationalité française ? Le ministère des Anciens combattants m'a procuré un certificat attestant que « monsieur Schmoul Weismann a obtenu sa naturalisation française en 1936 et ne l'a jamais perdue. » Seulement le document original, lui, a bel et bien disparu.

Si je changeais de nom, si je m'appelais Marcel Dupont tout à coup, je n'aurais certainement aucun mal à obtenir ces papiers. Jusque-là, être juif ne m'a apporté que du malheur. Si au moins j'avais la foi ! Si au moins, comme le faisait ma mère, je plaçais tous mes espoirs en Dieu, j'y trouverais peut-être une espèce de consolation... Au château de Méhoncourt, des Juifs américains venaient célébrer les principales fêtes avec nous. On chantait l'hymne national hébreu, le soir. On pouvait aussi assister à des cours sur la religion, je n'y allais pas. Je n'ai de juif que le nom. J'ai l'impression de payer pour toutes les générations postérieures à Jésus-Christ. À ma naissance, j'ai hérité d'un fabuleux paquetage : la judéité plus le droit d'être persécuté. Mais au nom de quoi ? En quoi les règlements de compte en l'an 33 à Jérusalem concernent-ils un gamin né en 1931 ?

Je revois la table, chez nous, la table si joliment mise le jour de Pessah, la fête de Pâques. Je ne m'en rendais pas compte alors, mais ma mère devait se priver toute l'année pour organiser un festin pareil. Elle devait mettre de côté centime après centime pour rendre grâces à Dieu, ce jour-là, par des plats si raffinés ! Maman était pratiquante à l'excès. C'est-à-dire qu'elle était croyante à l'excès. Mais si Dieu existait, si cela avait un sens d'être juif, Il n'aurait jamais permis qu'on l'écrase comme un charançon dans les haricots. Ma mère riait souvent. Elle riait des blagues de mon père et des pitreries de Charlie Chaplin. C'était une femme simple, douce et bonne, sans culture parce qu'elle n'était pas allée à l'école, mais d'une intelligence vive et concrète. Elle méritait sa place sur terre. Si elle était là, à mes côtés, pour me voir commencer ma vie d'adulte, je ne nierais pas l'existence de Dieu, je ne me maudirais pas d'être né juif. Je ne douterais de rien. Toutes mes certitudes ont disparu avec elle, tout ce qui m'était dû, son amour, l'amour que chaque mère doit à son enfant. Son amour me manque de manière indescriptible. Même si j'aime à nouveau, même si un jour je suis aimé, ce sera un autre amour. Il aura sa valeur, mais il ne sera rien comparé à celui de maman.

À Auschwitz, les cheveux des femmes et des fillettes ont été soigneusement démêlés, puis coupés, puis bobinés en fil. Ils ont servi à fabriquer des pantoufles pour les équipages des sous-marins et des bas de feutre pour les officiers du Reich. Le Dieu de maman aurait-Il permis cela ?

*
**

Lors de ma toute première permission, je suis retourné au Mans pour payer au tribunal la fameuse échéance du magasin que j'ai rebaptisé, en toute simplicité, Meuble Parfait. L'indemnité que j'avais touchée de l'État en dédommagement des préjudices subis pendant la guerre couvrait exactement la somme demandée pour permettre à l'entreprise de régler une partie de ses dettes et donc de continuer son activité.

Je me suis arrangé pour que ma deuxième permission coïncide avec la grande foire du Mans. J'avais pu convaincre nos fournisseurs de nous livrer beaucoup de marchandises en prévision de cet événement, incontournable pour les commerçants de la région. Aidé par quelques copains, et par une météo clémente, nous avons tout déballé sur le trottoir, nous avons hélé les promeneurs comme des harengères, et nous avons mis plein d'argent dans la caisse : une fois les fournisseurs remboursés, il restait juste assez pour régler la nouvelle échéance au tribunal.

Maintenant que mon service militaire est terminé, j'estime qu'il est temps de prendre réellement les rênes de l'affaire.

— Odette, ton mari et toi avez été de très mauvais gestionnaires et tu sais qu'il ne peut pas y avoir deux patrons. Alors soit je m'occupe de tout désormais, soit on vend le magasin et on arrête.

Elle se range aussitôt à mes arguments. Elle n'a rien d'une femme sans volonté que l'on peut mener par le bout du nez, au contraire. Seulement elle a aussi l'intelligence de reconnaître ses limites. Main dans la main, aussi heureux l'un que l'autre de la tournure que prend notre collaboration, nous nous lançons dans trois années de labeur acharné. Elle me fait confiance pour redresser le Meuble Parfait, je me fais confiance pour le transformer en une entreprise viable. Le travail, c'est bien la seule chose qui me reste, désormais. Quelques années plus tôt, avant mon service militaire, j'étais parti faire du ski à La Féclaz, en Savoie, avec un camarade rencontré au mouvement des Auberges de Jeunesse. Sur place, nous avions fait la connaissance de nombreux jeunes gens comme nous, en vacances, et j'avais eu le béguin pour une fille. Nous avions commencé à faire des projets tous les deux.

— Joseph, mes parents élèvent des poulets et font le commerce des œufs dans le Loir-et-Cher. Ça marche bien. Viens t'installer à la ferme avec nous. On se marie, et quand mon père arrêtera, on reprendra l'affaire pour nous.

Deux choses m'avaient retenu : d'abord, j'avais appris qu'il fallait aussi égorger des chevreaux dans cette exploitation et je ne voulais pas mettre les mains dans le sang. Ensuite, quand je lui avais parlé de mes projets, Odette m'avait dit avec émotion :

— Mon grand, Maurice est malade. Reste avec nous encore un peu, s'il te plaît.

La mignonne et moi, nous nous sommes écrit pendant quelques mois, mais je ne me consumais pas d'amour pour elle, ni elle pour moi, nous en sommes restés là.

Mes semaines se déroulent toutes de manière identique désormais : du lundi au samedi, lever aux aurores pour me rendre au Meuble Parfait. Je gère la comptabilité, je fais l'article aux clients, j'assure les livraisons. Chaque soir, je dîne en tête à tête avec Odette dont je suis de plus en plus proche maintenant que nous vivons ensemble, à deux seulement, sa fille ayant pris un mari. Le samedi soir, je vais retrouver mes amis des Auberges de Jeunesse dans quelque coin de la campagne, nous passons le dimanche ensemble à faire des promenades en pleine nature, nous observons les oiseaux, nous découvrons les espèces végétales, nous finissons la journée autour d'un feu de camp. J'aime leur compagnie pour l'enrichissement culturel et intellectuel qu'elle m'apporte, mais qui ne me sert pas à grand-chose. Mon père, si j'avais pu grandir à ses côtés, ma sœur Charlotte aussi sans doute, m'auraient guidé dans mes lectures et mes réflexions. Odette lit les journaux engagés, *Le Canard enchaîné, Le Hérisson, Le Monde,* mais nous n'avons pas de débats enflammés sur l'actualité pour autant. C'est auprès de mes nouveaux amis que je trouve matière à m'élever davantage en termes d'idées et de raisonnement. J'ai une grande soif d'apprendre : quand je vais au cinéma, c'est moins pour me distraire que pour faire marcher mon intelligence. J'ai besoin d'un mentor pour avancer plus loin, plus vite : les membres des Auberges de Jeunesse se révèlent efficaces dans ce rôle.

Ce qui s'est passé au printemps 1950, avec l'appel de Stockholm, m'a pourtant échaudé en ce qui concerne la politique. La question était simple : êtes-vous pour ou contre la bombe atomique ? Posée comme ça, la réponse allait de soi. Nous étions en pleine guerre froide, la jeunesse idéaliste se déclarait massivement pro-soviétique, nous avions vu des dizaines de milliers d'enfants brûlés vifs à Hiroshima et à Nagasaki, la guerre de Corée débutait juste avec le risque de nouveaux massacres d'innocents : j'ai signé contre, évidemment. Plus tard, j'ai réalisé que ma signature, parmi dix millions d'autres en France, allait surtout permettre aux communistes de se faire passer pour plus importants qu'ils ne l'étaient en réalité. J'ai eu l'impression d'avoir été instrumentalisé, manipulé. J'ai donné mon nom, mon adresse et depuis, je n'ai pas cessé de recevoir des relances de la part du PC pour que je vienne gonfler ses rangs. Il n'est plus question pour moi désormais d'apposer mon nom au bas de la moindre pétition. Je tiens à rester en retrait. Cette position m'apporte un certain confort : je me tais, j'écoute. Penché sur mes livres de comptes dans la semaine, j'ai tout le temps, le soir venu, de me repasser le film des discussions et de me forger une opinion. Il est déjà très loin le temps où j'accompagnais papa au bistrot du père Fabri, mais je me souviens bien de sa façon de reculer quand la conversation prenait un tour trop passionné sur la politique. Comme lui, je pense qu'il peut y avoir du bon dans chaque parti. Et quand bien même il m'apparaîtrait que l'un d'eux me séduit davantage, je veux garder le pouvoir de dire non. Je tiens à ma liberté de citoyen français : ça y est, j'ai obtenu mes papiers.

J'ai décidé de partir pour Israël. Pas pour m'installer là-bas. Pas non plus pour fouler la terre dont ma mère a tant rêvé. Je vais retrouver Kaïla, la sœur de maman. Elle a fait des recherches depuis la fin de la guerre, elle a su que j'avais survécu, et elle m'a écrit. Cette tante, cette véritable tante par le sang, je ne l'ai vue qu'une seule fois : j'avais trois ans et maman avait fait le voyage en Pologne pour lui rendre visite. Il paraît que durant notre séjour chez elle, je n'ai pas quitté une minute celle que je prenais pour une deuxième maman, tellement elle ressemblait à la mienne. Je dormais même auprès d'elle, m'a-t-elle assuré dans une lettre.

C'est un miracle que Kaïla soit toujours en vie après ce qu'elle a enduré. Exilée en Russie, elle a appris un jour que l'on massacrait impunément les Juifs dans son pays d'origine. Elle a voulu rejoindre les siens et a demandé l'autorisation de se rendre à nouveau en Pologne. Les Russes n'ont pas apprécié ce choix : puisqu'elle voulait rejoindre un pays aux mains des Allemands, elle faisait désormais partie de leurs ennemis. Ils l'ont donc déportée en Mongolie. Le voyage a duré un mois... Dans le train, elle a vu son bébé mourir à son sein devenu stérile par les privations de nourriture et d'eau. Il s'appelait Joseph lui aussi, en hommage à mon grand-père que je n'ai pas connu. Une fois la guerre finie, Kaïla a pu rentrer dans son pays, la Pologne. Elle a découvert que toute sa famille avait été décimée par les Polonais eux-mêmes, son propre peuple. Alors elle est allée vivre quelque temps en Allemagne, et dès 1948 et la création de l'État d'Israël, elle a choisi d'émigrer. Elle était aussi pieuse que sa sœur : la Terre promise avait un sens pour elle.

Avant de prendre le bateau, elle m'a écrit pour que je la rejoigne à Marseille. La lettre est arrivée trop tard. De toute façon, je n'aurais pas embarqué avec elle : en 1948, j'espérais encore revoir mes parents, je ne me serais pas éloigné de la France. Maintenant que tout est perdu, et puisque Émile et Albert, mes deux oncles de Paris, ne se comportent pas vraiment comme une famille envers moi, je me dis qu'il faut au moins que j'aille voir Kaïla, que je la serre dans mes bras, en souvenir de maman.

J'éprouve un véritable choc en la voyant. Je ne sais pas à quoi je m'attendais. Kaïla ressemble trait pour trait à ma mère douze ans plus tôt, quand nous habitions encore dans notre appartement du XVIIIe arrondissement. Elle a les mêmes yeux rieurs, la même bouche fine et les mêmes petites dents joliment alignées. Sa peau est aussi brune et douce, elle aussi ramasse ses cheveux en chignon, assez bas sur la nuque ; elle a le même air tendre quand elle me regarde.

Après l'émotion de nos retrouvailles, la communication entre nous devrait passer par les mots, et nous en manquons tous les deux. Kaïla ne parle que le yiddish, et si je la comprends assez bien, j'ai du mal à m'exprimer dans cette langue. Au cours de la dizaine de jours où je séjourne chez elle, elle parvient pourtant à me transmettre quelques messages : ma place se trouve à ses côtés désormais. Les Allemands m'ont pris ma mère, ils m'ont laissé cette tante comme seule famille, elle m'aimera comme son fils. Elle me raconte comme elle était fière, d'ailleurs, le jour de la naissance de son Joseph à elle : elle se souvenait de moi, l'enfant de sa sœur adorée, elle avait le même désormais ! Le fait que je sois sorti vivant de la guerre alors que personne d'autre, ni de son côté ni du mien, n'en a réchappé, lui apparaît comme un message de Dieu : Il lui a rendu son fils ! J'éprouve de l'affection pour cette femme, mais je crains de la décevoir par la faiblesse de mes sentiments. Je lui demande quelques jours de réflexion, le temps de voyager un peu dans ce pays en friche, de voir si je peux envisager d'y vivre.

On m'a donné l'adresse d'un kibboutz français proche de Jérusalem, nommé Neve Ilan. Il m'apparaît dès mon arrivée que c'est l'endroit le plus misérable de la Terre. Les jeunes gens qui y habitent semblent ignorer pourquoi ils se trouvent là et ce qu'ils doivent y accomplir. Tout est sale, misérable, et personne ne manifeste la moindre volonté d'améliorer la situation. Alors non, je ne peux même pas imaginer de faire ma vie ici.

Kaïla m'ouvre les portes d'un autre kibboutz, Kinereth, situé tout près du lac de Tibériade. Elle y a travaillé pendant quelques mois à son arrivée en Israël, elle pense que je pourrais m'y plaire davantage, bien qu'il n'y ait pas de Français. Et pourtant, j'en trouve un : un ancien du château de Méhoncourt. Il cultive les cacahuètes, il se plaît beaucoup dans cet endroit paradisiaque : ici en effet, tout le monde travaille avec ardeur et la petite cité prospère. L'environnement est des plus agréables, avec ses plantations de palmiers dattiers, de manguiers, d'oliviers, ses jardinets joliment entretenus, ses familles, quelques centaines, qui se retrouvent sereinement autour de la grande table commune à l'heure du dîner. Les membres du kibboutz, qui ont tous gardé un souvenir ému de Kaïla, me traitent comme un invité d'honneur. Ils ne veulent pas que je travaille ni que je participe aux corvées. Ils me démontrent par leur gentillesse et leur accueil que je pourrais avoir ma place parmi eux. Mais non, décidément, je ne m'y vois pas. Ou pas encore.

À mon retour auprès de Kaïla, je sais que je vais sans doute briser le dernier morceau encore intact de son cœur, mais je ne peux pas faire autrement : je dois lui dire pourquoi je ne poursuivrai pas ma vie à ses côtés et sur cette terre que maman citait dans chacune de ses prières. D'abord, quoi qu'en dise Kaïla, j'ai une autre tante, Odette, qui m'attend en France et qui a besoin de moi. Elle m'a sorti du château de Méhoncourt, elle m'a offert son foyer et son amour dès qu'elle en a eu la possibilité.

Je ne doute pas qu'elle l'aurait fait dès mon évasion, en août 1942, si nos chemins s'étaient croisés à ce moment-là. Je lui ai promis de l'aider à sauver son commerce de la faillite. Après tout ce qu'elle m'a donné, et notamment pour la confiance qu'elle m'accorde dans cette entreprise, la moindre des choses est bien d'aller jusqu'au bout. Ensuite, j'explique à Kaïla que je suis un adulte à présent et que je n'ai plus besoin de l'amour d'une mère : c'est trop tard et de toute façon, seule ma véritable mère pourrait tenter de rattraper le temps perdu. Enfin, mon pays m'appelle. J'aime les couleurs dorées d'Israël, le parfum des orangers et l'odeur de la mer, mais l'herbe verte de la France me manque déjà. J'ai hâte de connaître un nouvel automne pour voir les feuilles roussir, puis jaunir, puis voler à tous les vents. J'aime les paupiettes de veau et les vins des pays de Loire. Ma tante me demande :

— Tu ne te sens donc pas juif, autant que moi ?

Je lui réponds que je ne suis juif que par héritage. Je respecte et comprends le choix de tous ceux qui n'entendent plus vivre ailleurs qu'en Israël désormais. Mais je me sens français, français avant tout. Je n'ai pas peur de mon pays ni de ses habitants. Je me tiens droit sur mes deux jambes, j'ai une vie à construire. C'est là-bas, nulle part ailleurs, que je peux envisager un avenir. Je repars pour Le Mans.

– 11 –

DANS MES MEUBLES

Il faut croire que je n'ai pas réglé tous mes comptes avec le passé pour autant. Quelque chose me manque pour me sentir vraiment serein. Toute la semaine, je reste auprès d'Odette au magasin. J'ai obtenu mon permis poids lourds et transports en commun : ça me permet d'assurer les livraisons des grosses pièces moi-même. J'ai pris goût au métier. J'aime vérifier chaque meuble, dans les moindres détails, avant qu'il parte du magasin et une fois qu'il est installé dans la salle à manger du client... Le dimanche, je me penche sur les livres de comptabilité, les jours défilent à une vitesse folle. Pourtant, de plus en plus souvent, je retourne à Paris. Je me rends chez mon ami Lucien, nous allons au théâtre, nous discutons de livres, modestement en ce qui me concerne : il a plus de lettres que moi, il me sert un peu de mentor. À l'occasion, je me balade dans mon ancien quartier. Rue des Abbesses, les commerces regorgent à nouveau de richesses. Je passe devant l'immeuble de mon enfance sans jamais pousser la porte : j'ai dit adieu à ma vie de titi parisien ce jour d'août 1942, quand le haricot avait si bien poussé à ma fenêtre. Je n'ai plus rien à faire ici. Montmartre m'appelle malgré tout. Des enfants chahutent toujours deux par deux sur le chemin de l'école, mon école, celle de la rue Lepic. Je monte jusqu'au Moulin de la Galette. Quelquefois, la nostalgie me serre le cœur. J'enfonce ma casquette un peu plus bas sur mon front et je repique vers le IXe. D'autres fois, je marche comme n'importe quel promeneur, un peu absent à moi-même, léger et presque heureux, finalement. Je vais par les rues sans espérer revoir qui que ce soit, comme s'ils avaient tous disparu en même temps que mes parents et mes sœurs. Pourtant, beaucoup sont encore là. Je croise par hasard Raymond, le fils du cordonnier. Nous ne sommes plus les enfants d'hier, nous ne trouvons pas grand-chose à nous dire... Alors, quoi ? Qu'est-ce que je cherche au juste ? Quels fantômes ? Quelle promesse ? Je me complais dans une mélancolie qui ne me mènera nulle part. Odette s'est inscrite dans une agence matrimoniale, elle a trouvé un mari. Elle partira bientôt vivre avec lui en Suisse, me laissant à la tête du magasin de meubles. Notre affaire, la mienne désormais, se porte déjà mieux. Nous avons remboursé les dettes en temps et en heure, ce qui signifie que je peux sortir des bénéfices à partir de maintenant. Que me faut-il donc de plus pour être heureux ?

C'est en marchant dans les rues de Montmartre que je comprends : j'ai vingt-six ans, il me faut une maison, une famille. Un gamin à tenir par la main, comme papa quand il marchait fièrement à côté de moi. Je veux être le père qui achète le plus beau cartable pour son fils, je veux distribuer de l'amour sans compter, je veux travailler pour mes enfants, car j'en veux plusieurs. Je veux les voir grandir, devenir des hommes et des femmes adultes et responsables. Puisqu'on n'a pas laissé mes parents vieillir auprès de moi, je leur rendrai cette justice en repeuplant la France de quelques petits Weismann. Et moi, personne ne m'en empêchera : je vieillirai à leurs côtés, on ne nous prendra pas.

J'ai une bonne cliente dans un village pas très loin du Mans. Elle tient un hôtel-restaurant. Quand elle a deux sous de côté, elle équipe une chambre à neuf. Ce samedi, alors que je viens pour livrer la literie, elle me propose d'entrer boire un café.

— Joseph, tu tombes bien : figure-toi que ma sœur vient d'arriver d'Angleterre avec sa fille. Je vais te les présenter.

— Tu as une sœur anglaise, toi ?

— Mais non, elle a juste épousé un Anglais. Entre !

C'est la sœur de ma cliente que j'entends dès que je pénètre dans le café, mais c'est la nièce que je vois. Une belle fille aux yeux bleus, souriante, ouverte et timide à la fois. Réservée juste ce qu'il faut pour me plaire. Nous sympathisons immédiatement. Ce n'est pas le coup de foudre comme on en voit au cinéma, mais cette jeune femme me séduit quand même déjà beaucoup. Si je n'étais pas si sérieux, je ferais attendre les livraisons suivantes... Tiens, j'ai une idée ! Si je revenais pour le dîner ?

Francine reste quelques jours dans la Sarthe avant de repartir pour Londres où sa mère tient un magasin d'antiquités sur Portobello Road. À vingt-cinq ans, elle vit toujours au côté de cette femme autoritaire et bavarde, elle l'aide à la boutique en attendant le prince charmant. Nous décidons de nous écrire et le flirt que nous avons engagé lors de nos promenades dans la campagne sarthoise se poursuit sur le papier. Je me dis qu'il serait peut-être bien commode d'avoir une belle-mère à l'étranger... Je prends quelques jours pour aller visiter Big Ben et demander la main de Francine à son père, un homme adorable. L'affaire est vite conclue... Il se trouve que ma promise est juive aussi, et qu'elle ne le vit pas avec autant de détachement que moi : elle en a profondément honte. Pour l'heure, ça m'arrange : nous décidons de nous marier à l'ambassade de France, sans que la religion intervienne dans notre union. Pour notre voyage de noces, belle-maman a tout prévu : dans un hôtel de Brighton tenu par une radine sans nom, elle a réservé une chambre glaciale... Toutes les dix minutes, il faut glisser un penny dans le radiateur pour qu'il se déclenche et réchauffe la pièce, sans grande efficacité, hélas ! Vivement que l'on rentre au Mans, il fera meilleur chez nous...

Odette s'est installée de l'autre côté des Alpes avec le nouvel homme de sa vie. Nous lui avons expédié ses meubles et nous projetons d'emménager dans un petit deux-pièces acheté à crédit et à l'aveugle puisque l'immeuble est encore en construction. Le magasin a déménagé. Maintenant, nous avons pignon sur rue dans l'artère commerçante la plus importante de la ville. Nous vendons aussi de la passementerie, du tissu au mètre, des coutils, des ressorts, tout ce qu'il faut pour confectionner matelas et sommiers. Francine vient m'aider tous les jours au magasin mais je lui fais une promesse : dès qu'elle deviendra maman, puisqu'elle souhaite avoir des enfants autant que moi, elle arrêtera de travailler et pourra se consacrer à leur éducation. Je devrais dire... à les aimer. Rien ne me semble plus important, pour mes futurs petits, que d'avoir une maman tendre et joyeuse en permanence auprès d'eux.

À l'automne 1958, une petite année après notre mariage, le ventre de ma femme commence à s'arrondir. Elle décide qu'elle ira accoucher en Angleterre pour que ce premier-né bénéficie aussi de la nationalité du grand Empire britannique. Au printemps 1959, quelques semaines avant d'arriver au terme de sa grossesse, Francine part donc s'installer à nouveau chez ses parents. Il ne me viendrait pas à l'idée de contester ce choix : depuis qu'on l'a prise à ma famille, le 16 juillet 1942, la liberté compte plus que tout au monde pour moi. Je considère que chacun doit également rester libre dans le mariage. Et puis je m'arrangerai, le moment venu, pour rejoindre ma femme...

Je ne m'éloigne plus beaucoup du téléphone et je laisse les livraisons aux bons soins des employés. Enfin ma belle-mère m'appelle.

– Joseph ? C'est Rosalie ! Je crois que vous pouvez venir maintenant, c'est pour la nuit prochaine.

– Pour cette nuit ? J'arrive !

En fait, je ne parviens à l'hôpital de Beckenham que le lendemain matin, et il n'est pas trop tard : l'enfant prend son temps, finalement... Francine reste alitée mais les futurs papas n'étant pas admis pour la nuit, je rentre au domicile de mes beaux-parents.

Quelques heures plus tard, nouveau coup de fil. Ça se précipite, il faut foncer ! Je saute dans un pantalon, j'enfile une chemise et mes chaussures en quatrième vitesse. George, le père de Francine, est prêt quasiment en même temps que moi. Nous nous retrouvons comme deux idiots, plantés dans l'entrée de la maison, en attendant que madame Rosalie finisse de se maquiller ! Nous ne pouvons pas partir sans elle : je n'ai jamais conduit à gauche et George n'a pas le permis. Évidemment, le temps que nous arrivions à l'hôpital, l'enfant est déjà né. J'apprends que c'est un fils, qu'il se porte comme un charme, que mon épouse se remet déjà bien... Je crois ne jamais avoir ressenti pareil bonheur.

– Je peux le voir ? Je peux le prendre ?

– *No no no...*

J'ai devant moi une infirmière comme on n'en fait plus, et c'est tant mieux. Dernier spécimen de la race des adjudants-chefs en blouse blanche, elle a survécu aux temps modernes et aux balbutiements de la psychologie. Elle me présente mon petit garçon... derrière une vitre. Je n'ai pas le droit de le tenir dans mes bras, ni même de caresser sa joue du bout de mes doigts. Demain, je dois reprendre l'avion pour Paris et revenir au magasin. Je l'ai laissé pendant trois jours, c'est déjà beaucoup trop. J'attendrai donc là-bas que Francine me rejoigne avec Francis dans son couffin. Je bous de colère contre cette infirmière obtuse, mais elle n'entamera pas ma détermination, ma nouvelle ligne de conduite : le bonheur, droit devant.

Je me revois, boulevard de Clichy, alpaguant les promeneurs pour tenter de leur refourguer une carte postale d'occasion... Je me revois sur le trottoir devant le magasin des Margel : il n'y avait pas de vitrine, ou si peu, il fallait bien encourager les éventuels clients à entrer dans la boutique, « juste pour jeter un coup d'œil ». J'avais honte de l'air mielleux que je prenais malgré moi.

— Un p'tit renseignement messieurs dames ?

Je faisais du racolage, il n'y a pas d'autre mot pour ça. Mais j'étais fier quand ils ne ressortaient qu'au bout d'une heure, un bon de commande dans les mains. Maintenant que le Meuble Parfait est dûment installé et prospère, avenue du Général-Leclerc, s'il vous plaît, je ne m'abaisse plus à démarcher les clients sur le bitume. Je n'ai pas honte de l'avoir fait, mais je suis bien heureux d'avoir acquis une autre stature en tant que commerçant : j'ai plusieurs livreurs, une secrétaire, un chef d'atelier qui prépare les commandes, et une annexe de six cents mètres carrés, juste derrière la boutique, bien commode pour avoir toujours en stock les articles les plus demandés. Ma famille aussi s'est agrandie : Nicole est arrivée le 10 septembre 1961 et Isabelle une année et huit jours plus tard. Francine est fatiguée par ces trois grossesses rapprochées et il y a de quoi. Nous avons donc en permanence avec nous une femme qui s'occupe des courses et de la maison : nous habitons désormais dans une mancelle, une habitation typique de la ville du Mans, avec des chambres à l'étage et un petit jardin à l'arrière-cour.

Vraiment, mon bonheur confine à la perfection. Même si, par je ne sais quelle boulimie compensatrice, je cherche toujours à avoir plus. Plus d'enfants (j'adorerais un petit quatrième !), plus de place pour mes meubles, une maison plus grande aussi. Je ne veux rien posséder d'extravagant, je n'entends pas faire la démonstration de ma réussite. Je reste à ma place : celle d'un autodidacte, un commerçant, un honnête homme qui vit bien parce qu'il travaille beaucoup, c'est tout. Je n'aime pas les richesses, le confort oui, mais pas le luxe ; je connais la valeur de l'argent. Je me souviens de la pauvreté dans laquelle nous vivions rue des Abbesses et du bonheur que nous éprouvions à être ensemble malgré tout. À quoi me servirait d'amasser un énorme magot dans un coffre à la banque ? Chaque matin, j'embrasse mes deux petits trésors de filles et j'emmène moi-même Francis à l'école maternelle. C'est mon plus grand plaisir de la journée. Je l'embrasse lui aussi, je l'étreins, je le remplis d'amour, qu'il ait de quoi tenir le coup jusqu'au soir. J'ai entendu une mère murmurer dans mon dos, comme pour elle-même :

— Ce père embrasse son fils comme s'il ne devait jamais le revoir.

Je n'ai pas peur mais je sais en effet mieux que cette femme quel malheur ce serait, pour mon fils et pour mes deux filles, de perdre leurs parents. J'ai trente ans, je suis en bonne santé, les affaires marchent bien. Je souris dans ma boutique, je souris à la maison, je souris sur le chemin de l'école en serrant la petite main de Francis dans la mienne. Je jouis de la vie, de chaque petit ou grand bonheur qu'elle m'apporte au quotidien. Et pourtant j'attends toujours que la vie me surprenne encore, que quelque chose de nouveau arrive.

C'est un coup de fil qui arrive, en l'occurrence, un appel auquel je ne m'attendais pas.

— Allô, monsieur Weismann ? Les meubles Lévitan, vous connaissez ? Aimeriez-vous nous rejoindre ?

Je les connais surtout grâce à la publicité qui passe en boucle à la radio : « Un meuble signé

Lévitan est garanti pour longtemps ! » Un slogan simple mais facile à retenir, accompagné d'une ritournelle populaire qui s'accroche au cerveau : si vous l'entendez le matin en vous rasant, vous pouvez être sûr de garder l'air dans la tête toute la journée.

L'entreprise fondée par Wolff Lévitan cinquante ans plus tôt, reprise par le fils Robert, cherche à multiplier les points de vente en France. On me propose de la représenter dans l'ouest de la France. En contrepartie, je gagne des conditions d'achat plus intéressantes pour mon stock et le droit de continuer à travailler avec les producteurs régionaux de mon choix. Je profite de l'occasion, moins pour faire prospérer davantage mon entreprise que pour ajouter quelques cordes à mon arc : grâce au réseau Lévitan, j'apprends notamment à faire ma publicité et à négocier avec les fournisseurs.

Dans l'appartement que nous occupions rue des Abbesses, il n'y avait que deux pièces. La plus grande, je l'ai déjà dit, servait autant de salle à manger que d'atelier de travail, de cuisine et de salle de bains. La deuxième, plus petite, était interdite aux enfants : c'était la chambre de mes parents. Je la regardais avec gourmandise depuis l'encadrement de la porte. Alors que nous marchions sur un plancher rugueux, le sol de la chambre était couvert de lattes d'un parquet de chêne soigneusement ciré, délicieusement odorant. Je m'abîmais pendant des heures dans la contemplation de l'armoire : trois portes surmontées d'une frise en marqueterie représentant une scène de la Grèce antique, avec des femmes qui jouaient de la harpe, les cheveux noués par un ruban... Certains jours, seul pendant quelques minutes à la maison, je me suis glissé dans ce lieu interdit pour caresser le bois de l'armoire. Je le respirais de toute ma poitrine, le nez et le corps collés aux montants. Arrivé chez les Margel, j'ai appris à reconnaître les différentes essences de bois. Chacune a son odeur, ma préférence va au chêne. L'ébénisterie aurait pu me plaire, le hasard m'a conduit à vendre des meubles en bois massif, de belle qualité...

Robert Lévitan aime les jolies femmes, les automobiles, les affaires et les beaux meubles lui aussi, et il souhaite m'aider à prospérer davantage à travers son réseau. Il voudrait que j'abandonne mon magasin en centre-ville pour en ouvrir un bien plus grand en périphérie du Mans, dans la zone commerciale naissante. Une volonté légitime de sa part : pour toucher des royalties intéressantes, la maison Lévitan a besoin que chacun de ses revendeurs fasse du chiffre. Malgré ses promesses de gain alléchantes, je refuse. En revanche, je constate que la spécialisation gagne les marchands de mobilier : les cuisinistes ouvrent la voie, bientôt suivis par les marchands de salons. S'il faut choisir, c'est plutôt vers cette deuxième option que je me dirigerai. Un canapé ne demande pas de montage, il n'y a pas de service après-vente à assurer, les livraisons ne sont pas très compliquées, et chaque vente représente une coquette somme.

Quand je sens que la Sarthe est prête à accueillir un spécialiste des salons – moi –, je me heurte à un obstacle : Lévitan. J'ai signé un contrat qui stipule que je dois vendre leurs produits exclusivement dans mon magasin. Si je décide d'en créer un deuxième, je dois obtenir l'autorisation de la maison. Je profite d'un séminaire du groupe en Tunisie pour demander à Robert de me soustraire à cette obligation. Il accepte. J'avais déjà fait construire dans la zone commerciale un entrepôt très vaste, pouvant abriter un stock fourni : je fais monter un magasin de mille mètres carrés juste à côté. Quelques semaines après l'ouverture, je reçois une lettre de Robert Lévitan. Il me reproche de lui avoir extorqué son accord lors d'un moment de détente, donc inapproprié au langage des affaires ! Qu'importe : je continue de vendre les produits Lévitan au Meuble Parfait, en centre-ville, puisque notre contrat reste valable, mais je mets les produits des autres marques si je veux dans les vitrines de mon second magasin. Robert et moi ne nous fâchons pas : d'abord, je lui témoigne ma reconnaissance pour l'ouverture d'esprit dont il m'a fait profiter ; ensuite, je lui expose mes priorités, et il les entend : après avoir perdu mes parents, j'ai créé une nouvelle famille qui compte plus que tout au monde. C'est pour elle que je travaille. Et pour moi-même.

– 12 –

RETOUR VERS LE PASSÉ

Je peux vivre des jours et des jours sans regarder en arrière. Le matin, je prends mes enfants par la main, je les couvre de baisers avant de les confier à leur institutrice, je file gaiement au magasin retrouver mes collaborateurs. Et la journée se déroule tranquillement, seulement rythmée par le carillon quand un client passe la porte... Le bonheur, droit devant, encore et toujours. Pourtant, il arrive que certains souvenirs se rappellent à moi bien que je ne les aie pas convoqués. Ils surgissent sans avoir annoncé leur arrivée et sans prendre garde aux émois, aux dégâts qu'ils peuvent provoquer. Pour les faire taire, j'ai ma méthode : je repense à des événements un peu gais survenus à la même période, aux personnes qui en leur temps m'ont réconforté et aidé à garder la tête haute. Ces quelques personnes-là, je sais – ou plutôt je sens – que je dois les retrouver pour me réconcilier avec mon histoire.

Il y a notamment les deux gendarmes qui nous ont sauvés, Jo et moi, en nous faisant monter dans le car pour Montargis. Déjà la veille, ils auraient pu nous ramener au camp de Beaune-la-Rolande : notre accoutrement ne laissait aucun doute sur notre statut d'évadés juifs. Ils ont eu l'intelligence de jouer les naïfs, de nous considérer comme deux vagabonds inoffensifs. Ainsi, au cas où nous aurions été repris par les Allemands eux-mêmes, ils auraient au moins pu sauver leur peau, et qui sait, venir en aide à d'autres que nous par la suite. Le lendemain, ils ont à nouveau fait preuve de courage en venant nous accueillir à l'arrêt du car et en veillant à ce que notre voyage vers Paris se poursuive sans encombre. À nouveau ce matin-là, ils ne se sont pas montrés très chaleureux : personne n'aurait pu les soupçonner d'aider des Juifs, ce qui était évidemment très risqué. Mais ils l'ont fait, dignement, sans se prendre pour des héros. Je voudrais les revoir pour les remercier, comme j'aurais dû le faire ce jour-là où la peur et l'émotion ont empêché les mots de sortir de ma bouche. Ils représentent la France que j'aime alors que je ressens une colère inextinguible envers cette partie de la population qui, au mieux, s'est montrée indifférente, au pire, a collaboré avec les Allemands par des actes de dénonciation. Ces deux hommes, je vais aller les embrasser...

Malheureusement, quand je cherche à savoir ce qu'ils sont devenus, j'apprends qu'ils sont décédés.

D'autres qu'eux m'ont aidé, à Paris notamment. J'ai oublié leur adresse et jusqu'à leur nom. Ils resteront pour moi des fantômes bienveillants, je ne les serrerai jamais sur mon cœur. Il est une personne pourtant, une plus que les autres, que j'aimerais revoir : Jo Kogan. Sans lui, je n'aurais jamais osé m'évader de Beaune-la-Rolande. Je ne l'aurais même pas fait avec un autre que lui. Seul Jo avait assez d'indépendance d'esprit, d'enthousiasme et d'optimisme pour tenter cette folle entreprise avec moi. Nous avons vécu des heures intenses tous les deux, des moments déterminants puisque je ne serais pas là aujourd'hui si nous n'avions pas réussi ensemble. Le jour où nous nous sommes séparés en gare d'Austerlitz, je crois que nous n'avions pas conscience que nous étions liés pour toujours, quand bien même nous ne devrions jamais nous revoir. Il est parti vers le XXe arrondissement, j'ai foncé droit sur la butte Montmartre. Nous nous sommes à peine salués, et si nous avons échangé nos adresses, ce fut quasiment pour rien : il était évident que je n'allais pas retourner vivre tranquillement au 54 de la rue des Abbesses et y relever mon courrier chaque matin. Que lui est-il arrivé ensuite ? A-t-il été repris ou a-t-il eu autant de chance que moi ? Où vit-il aujourd'hui... s'il vit ? A-t-il besoin d'aide ? A-t-il seulement une situation assez confortable pour s'offrir un toit et de quoi manger tous les jours ? S'il est seul, je voudrais pouvoir répondre présent. Lui serrer la main, comme je l'ai fait dans le camp de Beaune-la-Rolande au moment de sceller notre accord, et lui signifier ainsi que je suis partant pour l'épauler, comme il a su le faire pour moi. J'ai écrit une lettre à l'émission de radio de Marina Grey, « Au rendez-vous du souvenir ». On indique la personne que l'on a perdue de vue, ils font des recherches et, avec un peu de chance, ils vous mettent en présence. Émotion garantie… Hélas, ça n'a rien donné du tout.

Est-ce par hasard que je me trouve à Paris, ce jour de 1965 ? Est-ce forcément dans ma ville de naissance que le passé doit se rappeler à moi ? Je suis venu faire mes achats pour le magasin. Le Salon du meuble se tient toute la semaine, un rendez-vous incontournable pour les détaillants. Je suis hébergé par mon ami Lucien. Chaque soir, je rentre chez lui, harassé par la chaleur, le bruit et l'activité bourdonnante du Salon. Je m'écroule dans un fauteuil, nous partageons un apéritif et un souper léger, je file vite me coucher. Mais ce soir-là…

Le téléphone sonne, Lucien décroche. Je le vois qui s'interroge, puis il se tourne vers moi pour me faire signe que la conversation me concerne.

– Oui, en effet, Joseph Weismann est chez moi. Je veux bien vous le passer, évidemment, mais c'est de la part de qui ?

Lucien n'est pas commode : il ne concède aucune entorse aux bonnes manières.

– De la part de monsieur Weismann ? Vous vous moquez de moi ?

Un silence.

— Bien, je vous le passe. Mais si c'est une blague, permettez-moi de vous dire que je ne la trouve pas drôle du tout.

Je saisis le combiné à mon tour. Mon ami s'éloigne, par discrétion, en dodelinant de la tête.

— Allô ? Joseph Weismann à l'appareil !

— Bonjour monsieur. Écoutez, c'est un hasard, mais je m'appelle comme vous. Enfin presque. Mon nom s'écrit avec deux S et un seul N à la fin.

— Oui ? Que voulez-vous ?

— Je vous appelle de la part de mon cousin. Jo Kogan.

Je fais signe à Lucien de m'avancer une chaise : je crois bien que je vais tomber dans les pommes.

— Alors... Jo est toujours vivant ?

— Il vit aux États-Unis. Il m'a demandé de l'aider à vous retrouver et je suis content d'y être parvenu ! Il m'a tellement parlé de vous... Je suis dans le quartier de Belleville. Est-ce qu'on pourrait se voir un de ces jours ?

— Ne bougez pas, j'arrive !

Quand j'avais écrit à la mairie du XVIIIe arrondissement de Paris pour demander un extrait d'acte de naissance, je l'ai dit, on m'avait renvoyé un certificat de décès. Évidemment, j'avais immédiatement expédié une lettre expliquant ma situation pour que mon dossier soit rectifié et le petit Joseph ressuscité. J'avais joint mes coordonnées au Mans, chez les Margel. C'est en remontant le fil de cette lettre que le cousin de Jo a pu arriver jusqu'à moi.

J'ai déménagé plusieurs fois bien sûr, mais j'ai toujours laissé mes coordonnées accessibles dans les annuaires de téléphone. Weissman, avec deux S et un N, a cherché mon numéro – Le Mans, 16 98 –, il a eu ma femme au bout du fil, elle lui a communiqué le numéro de Lucien. Et me voilà attablé face à un homme qui a grandi avec mon compagnon d'évasion !

Il me fait un résumé succinct de la vie de Jo après notre arrivée à Paris. Mon copain s'est rendu chez sa tante, qui, par chance, n'avait pas encore été arrêtée. Ils se sont cachés ensemble jusqu'à la Libération. Une autre de ses tantes, installée aux États-Unis, a alors appris le parcours de Jo. Elle lui a envoyé un billet de bateau pour qu'il vienne la rejoindre et commence une nouvelle vie à ses côtés. Mieux : elle lui a fait parvenir deux billets pour l'Amérique. Le deuxième m'était destiné. Selon elle, nous étions comme deux frères, et elle était prête à nous accueillir ensemble. Seulement en 1945, j'étais encore au château de Méhoncourt et la mairie de Paris me croyait toujours mort ! Quand la famille de Jo Kogan a tenté de me retrouver pour me proposer d'émigrer aux États-Unis, leurs recherches n'ont pas abouti et mon ami a traversé l'Atlantique sans moi. Il vit à New York, dans le quartier de Brooklyn. Lui, il a d'abord été photographe. Il travaille désormais comme cadre dans une entreprise spécialisée dans le développement des clichés.

Comme je suis heureux qu'une fois adulte, Jo ait tenté d'en savoir plus ! Il aurait pu se contenter de ce qu'on lui avait dit à la mairie en 1945 : après tout, j'aurais très bien pu avoir été arrêté et déporté plus tard pendant la guerre. Et quelle chance encore que son cousin arrive jusqu'à moi maintenant : j'ai justement dans ma poche un billet d'avion pour Chicago, via New York. J'y vais dans un mois pour un congrès de la maison Lévitan.

Quand j'appelle chez Jo afin de confirmer ma venue, deux petites semaines avant mon arrivée, c'est la douche froide : sa femme m'annonce qu'il vient d'être hospitalisé pour des problèmes cardiaques assez graves. Je ne peux pas y croire : il risque de mourir, vingt-trois ans après notre folle équipée, et alors que nous sommes sur le point d'être à nouveau réunis !

Par bonheur, il recouvre vite la santé.

La solitude et le manque présentent au moins un avantage : ils donnent une saveur particulière aux retrouvailles. J'avais été terriblement ému en rencontrant ma tante Kaïla, en Israël, je ne le suis pas moins dans le hall de cet hôtel new-yorkais où Jo Kogan est venu m'attendre. Son cousin m'a montré une photo de lui, je le reconnais immédiatement. Lui aussi, même à plus de vingt mètres, m'a identifié parmi les dizaines de clients. Nous nous fixons du regard pendant de longues secondes, et quand nous tombons enfin dans les bras l'un de l'autre, c'est comme si nous venions à peine de nous extraire du camp de Beaune-la-Rolande. Quelle belle vengeance d'être ainsi réunis, deux hommes adultes, à jamais deux orphelins pourtant, deux enfants qui ne doivent qu'à leur courage d'avoir survécu à la barbarie nazie.

Nous nous rendons chez lui, dans son appartement, et nous allons passer la nuit entière à nous raconter nos vies. Demain matin, je dois prendre l'avion pour Chicago où le congrès doit se dérouler, mais je peux au moins profiter de l'escale pour en apprendre davantage sur le parcours de mon ami et pour lui raconter le mien. Jo a obtenu la nationalité américaine assez vite après son arrivée et il a fait son service militaire dans son nouveau pays, au service photo des armées.

— J'ai été affecté en Allemagne, figure-toi ! Tu comprends, c'était le tout début de la guerre froide et les troupes américaines stationnaient encore en nombre dans l'Allemagne vaincue.

— Est-ce que tu en as profité pour revenir en France pendant une permission ? Est-ce que tu as revu ta famille restée à Paris ?

— Ah, Joseph, il n'y avait plus personne à Paris, et je ne voulais pas y remettre les pieds de toute façon. J'étais trop jeune, je n'avais pas encore pardonné à mon pays... Tu sais, j'en veux beaucoup aux Allemands, bien sûr, mais ils ont perdu la guerre et ils payent maintenant. En revanche, la France... À dix-huit ans, je me disais que jamais je ne reviendrais dans le pays qui a livré mes parents et plus de soixante-quinze mille Juifs aux nazis. Tous ces gens avaient choisi de s'installer en

France. Ils avaient peur pour leur vie chez eux, à l'Est, mais ils pensaient que la France les protégerait. Et non seulement elle ne l'a pas fait, mais elle nous a condamnés à mort !

Le père de Jo était russe, il travaillait dans la marine marchande. À l'occasion d'une escale à Marseille, au début des années trente, il avait décidé de ne pas remonter sur le bateau. Il avait gagné Paris où il avait déjà de la famille, il s'était marié, il avait eu un fils... C'est drôle : quand Jo s'exprime en français, sa langue maternelle, il a l'accent américain maintenant. Ses intonations de titi parisien ont disparu au profit d'inflexions caoutchouteuses. Il me présente sa femme et sa fille, la petite Andy. Il semble prêt à se réconcilier avec le pays où il est né.

— Joseph, tu te souviens quand tu as jeté ton béret de l'autre côté de la clôture, à Beaune-la-Rolande ? On n'était pas encore sortis d'affaire pourtant ! Qu'est-ce que tu m'as agacé à ce moment-là, mais qu'est-ce que tu m'as fait rire aussi... Enfin, après, chaque fois que j'y ai repensé... Écoute : maintenant qu'on s'est retrouvés, je vais venir en France avec ma femme et ma fille. Tu me présenteras ta famille, et tous ensemble, nous referons le parcours que nous avons accompli tous les deux en août 1942.

— Tu crois vraiment que c'est une bonne idée ? Ça risque de remuer pas mal de souvenirs pénibles...

— Il faut le faire. Et on va le faire ensemble, surtout, c'est ça qui compte !

Il y a sans doute des pèlerinages nécessaires... Quand je me mets en route pour le Loiret, avec Jo, sa famille et la mienne, je n'éprouve ni joie ni tristesse. À la différence de ce qui s'est passé des années plus tôt, quand nous n'étions encore que des enfants, le ventre creux et le cœur brisé après avoir été séparés si violemment de nos parents, Jo et moi savons bien comment se déroulera notre périple. Nous partons sans crainte : à midi, nous partagerons un bon déjeuner dans un restaurant, nous nous rendrons sur les lieux de nos souvenirs et ce soir, nous serons de retour à la maison. Je sais que revoir les villages que nous avons traversés ne me procurera ni affliction ni satisfaction. Mais en effet, le voyage sera sans doute utile, et pas seulement pour nous. Ma femme, mes enfants, se montrent souvent curieux de détails, je ne leur ai jamais tout raconté. Je lâche quelques bribes de mon histoire, parfois, au cours d'un repas. Francis, Nicole, Isabelle, si jeunes soient-ils, sentent confusément qu'un foyer de souffrance se consume toujours au fond de moi. Ils ont l'élégance instinctive de ne pas insister quand les souvenirs que je laisse remonter à la surface de ma mémoire me tirent les larmes en même temps qu'ils m'obligent au silence. Ils ne connaîtront jamais leurs grands-parents, Schmoul et Sara, ils n'auront jamais ni oncles ni tantes puisque mes sœurs chéries ont disparu elles aussi et puisque Francine est fille unique. Nous sommes leur seule famille, et il est tellement important de savoir d'où l'on vient. Je peux au moins leur montrer dans quels chemins j'ai mis mes pas pour arriver à devenir un homme, puis leur père. Le camp de Beaune-la-Rolande, que je le veuille ou non, fait aussi partie de leur histoire.

Il n'en reste rien. Ils n'ont pas laissé le moindre baraquement, encore moins les barbelés bien entendu. C'est un terrain communal, voilà tout. Au milieu des années soixante, la guerre est terminée depuis vingt ans déjà, mais l'heure n'est pas encore au devoir de mémoire, aux commémorations, aux hommages. Ce moment viendra-t-il ? Les élus auront-ils conscience, un jour prochain, de l'importance de marquer d'une croix chaque endroit où un enfant juif a été arrêté, martyrisé, torturé ? Partout en France, on efface les traces au contraire. Le Vélodrome d'Hiver a été détruit en 1959. Quand nous étions parqués à l'intérieur, par milliers, en juillet 1942, les habitants du quartier nous avaient vus arriver. J'ai su ensuite qu'ils avaient dû fermer les fenêtres de leurs appartements pour empêcher d'entrer chez eux l'odeur pestilentielle qui se dégageait du Vélodrome. Nos odeurs... Bien sûr, individuellement, tous ces gens n'auraient rien pu faire. Alerter le monde ? Mais qui exactement, et comment ? Tous les moyens de communication étaient contrôlés par Vichy et par les Allemands. Et puis que savaient les Parisiens, au juste, de ce que nous endurions, à l'intérieur ? Nous-mêmes, nous ne nous sommes pas révoltés, par peur et par excès de confiance. Pourquoi les habitants de ce quartier cossu de Paris auraient-ils pris le risque de seulement poser des questions ? Ils ont fermé leurs fenêtres et attendu que le vent, la pluie et le temps dissipent la puanteur.

Une chose m'étonne à Beaune-la-Rolande, quand j'y repense : pour aller de la gare jusqu'au camp, il fallait traverser le village. Les raflés du Vél'd'Hiv ne furent pas les premiers à parcourir à pied l'artère principale, mais après avoir évacué le Vélodrome d'Hiver, nous fûmes certainement les plus nombreux en un temps aussi ramassé. Je ne me souviens pas de villageois sur notre passage. J'étais abattu, bien sûr, et mes yeux d'enfant ne se préoccupaient pas des spectateurs potentiels de notre malheur, mais quand même : je ne me rappelle pas avoir croisé un seul regard. Même si les gens se cachaient derrière leurs volets fermés – ils avaient peut-être peur des Juifs, la propagande nous avait si bien présentés comme le Mal incarné –, ils devaient savoir comment l'on nous traitait. Qu'ils n'aient pas été émus par le sort des adultes, passe encore, quoique… Mais qu'ils n'aient pas bronché, quelques semaines plus tard, quand ce furent des enfants, quasi exclusivement des enfants, débraillés, sales, affamés, de toute évidence traumatisés, qui passaient sous leurs fenêtres pour revenir à la gare depuis le camp et être déportés à leur tour ! J'ai appris, plus tard, que des employés de l'usine de pain d'épice étaient venus aux grilles de ce camp pour faire passer des gâteaux aux gamins. Il paraît que les gardiens les ont laissés faire. Ça n'a sauvé personne, mais c'était un comportement humain, au moins.

Debout dans ce champ que nous avons traversé autrefois, Jo et moi, avec la sensation physique que la mort courait derrière nous pour nous rattraper, je regarde mes deux adorables petites filles, mon fils déjà grand maintenant. Je les imagine à ma place il y a plus d'un quart de siècle, je m'interroge. Ils ne sont ni plus ni moins beaux que les quatre mille cent quinze enfants parqués au Vél'd'Hiv et enfermés ici par la suite. Ce sont des enfants comme tant d'autres, comme tous les autres, juifs ou non. Bien sûr, ce sont les miens, et je les aime plus que tout au monde, mais quand bien même je n'aurais aucun lien avec eux, je crois qu'en les regardant, je pourrais m'interroger de la même façon. C'est à Jo que je m'adresse, sans rancœur, juste pour partager avec lui mon éternelle incompréhension.

— Vois-tu, Jo, nous pourrons refaire mille fois le chemin, nous écorcher à nouveau le crâne sous des rouleaux de barbelés, dormir dans les bois, frapper à des portes qui ne s'ouvrent pas, nous ne trouverons jamais l'apaisement pour autant. Parce que nous ne cesserons jamais, jamais, de nous demander pourquoi tout cela est arrivé.

Nous poursuivons notre visite, chacun habité par des sentiments différents : Francis, Isabelle et

Nicole jouent avec Andy, la fille de Jo, tandis que nos conjoints semblent réaliser pour la première fois ce que nous avons vécu. Nous marquons une halte à la gendarmerie où cette femme nous avait ramenés, la nuit, nous pleurons dans le trou du vagabond où les deux gendarmes bienveillants nous avaient mis à l'abri. Nous poussons jusqu'au village de Lorris. C'est là que Jo avait d'abord cru pouvoir trouver refuge. Là que cette famille, dans laquelle il avait passé des vacances quelques années plus tôt, nous avait offert une soupe avant de nous renvoyer dehors, en pleine nuit. Nous y trouvons la mère et son fils. Nous ne les avons pas prévenus de notre arrivée mais ils semblent sincèrement heureux de nous voir. Ils débouchent même le champagne ! En 1942, je n'avais pas accepté qu'ils nous rejettent. Je les avais trouvés cruels et lâches, j'étais très en colère contre eux. Je ne leur en veux plus à présent. Ils habitent dans une petite maison de bourg, isolée. Ils devaient manquer de tout pendant la guerre, de pain mais aussi d'informations, et il est évident qu'ils ne se rendaient pas compte du danger que nous courions. Voilà, j'en reviens toujours au même point : soit les gens n'avaient pas les moyens de savoir, soit ils préféraient fermer les yeux.

Retrouver Jo, après toutes ces années, m'offre plus qu'un retour en arrière sur les quatre jours où nous avons fui ensemble. Tout à coup, je vois mieux qui je suis. J'ai l'impression de m'observer moi-même, comme un témoin extérieur à qui l'on présenterait Joseph Weismann. Un homme qui ne parle pas beaucoup des choses qui font mal… Dès l'instant où Jo et moi nous sommes séparés, devant la gare d'Austerlitz, une partie de moi s'est barricadée derrière le Joseph Weismann que l'on connaît. Je ne me suis jamais permis de pleurer sur l'épaule d'un ami, d'Odette, ni même sur celle de ma femme. C'est seulement maintenant que je m'en rends compte. Parce que ce pèlerinage avec Jo me met devant une autre façon d'être : celle de mon camarade d'évasion. En août 1942, assis côte à côte dans le train qui nous ramenait à Paris, nous étions dans la même situation exactement : séparés de ceux que nous aimions, terrorisés à l'idée d'être repris, soucieux de trouver un foyer où survivre, comme deux animaux traqués cherchant un trou dans lequel se faire oublier. Jo a-t-il eu plus de chance que moi ? Sans doute puisqu'il n'a pas connu la vie dans les orphelinats successifs, les rafles d'enfants, les familles d'accueil pas forcément accueillantes… Mais au fond, il est resté orphelin, lui aussi. Par réaction à ce qui nous est arrivé, nous avons suivi la même ligne de conduite l'un et l'autre : le bonheur, le bonheur, le bonheur ! Pourtant, nous avons évolué différemment, je l'ai bien vu en entrant dans la maison de cette femme qui nous a rejetés autrefois : ça n'a pas semblé le troubler vraiment. Jo ne s'encombre pas de mauvaises pensées, de rancœur, de tristesse, de questions. Il va bientôt quitter New York pour Las Vegas, le climat conviendra mieux à son cœur fragile. Il se réjouit déjà à l'idée de faire la fête là-bas, de nous y recevoir, de m'emmener au casino… Il se soucie peu de ce qui se passe dans le monde, il choisit de ne pas prêter trop attention à ce qui ne l'atteint pas directement dans sa chair, et il le dit haut et fort. Moi aussi, je cours après le bonheur et cultive les pensées positives. Mais à l'intérieur, je souffre, et je me tais.

Je me suis fait du mal, tout seul. J'ai éloigné de moi des hommes et des femmes qui auraient pu m'aider à prendre de la distance avec ma propre histoire et celle du peuple juif. Je me suis enfermé dans mes traumatismes d'enfant. Depuis l'été 1942, j'ai vécu sous cloche. Une amie de longue date s'est étonnée, tout récemment, quand elle a appris ce qui m'était arrivé pendant la guerre.

– Joseph ! Tu ne nous avais rien raconté ! Tu as toujours été sympathique, souriant, joyeux, tu plaisantes toujours beaucoup, mais tu ne nous as jamais parlé de toi, au fond !

Elle avait raison, et elle me le faisait remarquer avec une grande empathie. Elle aurait aimé m'apporter cette maigre consolation d'une oreille attentive, d'une amitié sincère et compatissante. Mais pourquoi me serais-je ouvert à elle et à mes autres amis ? Dès mes onze ans, j'ai dû prendre l'habitude de garder mes sentiments pour moi seul. À l'âge où j'aurais dû éclore au monde et aux autres, avancer en confiance, j'ai dû me replier sur moi-même comme l'escargot rentre dans sa coquille. Personne ne m'a rien expliqué des choses de la vie, j'ai dû trouver tout seul les réponses aux mille et une questions que chacun se pose, inévitablement, à mesure qu'il pénètre dans l'âge adulte. Alors qu'est-ce que j'aurais bien pu leur raconter, et comment ? Dis Claude, tu passes me prendre samedi et on va boire un verre ? Tiens, à l'occasion, je te raconterai mon petit séjour au Vél'd'Hiv... Ou bien : j'ai acheté un caraco de soie pour ma fiancée. Tiens, ça me rappelle celui que portait cette femme, dans le camp de Beaune-la-Rolande, au moment où les miliciens lui balançaient leurs chaussures dans les côtes...

Aussi soudainement que Jo est réapparu dans ma vie, j'ai retrouvé un cousin germain. Je ne me souviens même pas d'avoir entendu parler de son existence avant la guerre... Mikael est le fils d'un frère de papa qui n'a pas émigré en France dans les années vingt : il a fait le choix de rester chez lui, à Lublin, avant de fuir vers la Russie, finalement. Aujourd'hui, Mikael vit dans le sud de la Pologne et il voyage assez régulièrement, notamment en France. À l'occasion d'une visite à sa tante du côté maternel, à Paris, il s'est présenté à l'Association des enfants de Lublin pour demander si quelqu'un connaissait son oncle, Schmoul Weismann. Il se trouve qu'Émile, le propre frère de maman, travaille comme secrétaire dans cette association.

– Si je connais les Weismann ? Et comment ! Sara était ma sœur. Malheureusement, elle a été déportée avec Schmoul et leurs enfants. Mais l'un d'eux, Joseph, s'en est sorti. Il est au Mans maintenant, il tient un magasin de meubles. Tenez, voilà son numéro de téléphone.

Quand Mikael m'appelle, quand il se présente au bout du fil, dans un mélange de yiddish et d'allemand, j'ai bien peur de faire une attaque. Un cousin… Quel choc ! Papa m'avait parlé de son frère, pas de son neveu. Mais quel bonheur pour moi : même si cet homme vit en Pologne, même s'il est possible que nous ne nous apprécions pas l'un l'autre, il est de ma famille, de mon sang. Je n'hésite pas une seconde.

— Écoute, dans une heure je ferme le magasin. Je prends la voiture, je viens te retrouver à Paris.

Nous passons toute la nuit à discuter dans l'appartement de sa tante, à Belleville. Mon cousin me raconte son histoire, guère plus joyeuse que la mienne… Il a dû fuir Lublin pour échapper aux pogroms. En Russie, il a pu s'inscrire au collège, il a passé son bac, il a intégré l'armée. En tant que polonais, et juif de surcroît, il a dû batailler pour s'intégrer… Il a reçu la médaille de l'ordre de Staline pour avoir participé à la libération de Berlin. Après la guerre, il s'est installé quelque temps en République démocratique d'Allemagne où il travaillait comme bibliothécaire, puis au Danemark dont il est devenu citoyen, avant de revenir dans son pays natal. Au total, il parle le yiddish, l'allemand, le russe, le danois, et le polonais bien sûr. Les rudiments de yiddish qui me restent de ma mère nous permettent de nous comprendre.

Mikael a bien connu notre grand-père commun. Quand il me parle de lui, je regrette d'autant plus de ne pas l'avoir approché.

— C'était un homme très attachant. Grand, plus d'un mètre quatre-vingts, courageux ! Figure-toi qu'il est entré dans la garde impériale du tsar à dix-sept ans, alors que le tsar était notoirement antisémite ! Eh bien il a été récompensé de ses bons et loyaux services par une modeste rente qu'il a su mettre à profit : il a ouvert un commerce ambulant de saucisses chaudes. Je le suivais quelquefois dans ses tournées : il promenait sa carriole de village en village, et partout où il passait, il contait des histoires...

Quand la Pologne a été envahie par les Allemands, en 1939, le père de Mikael est parti en URSS, seul, sans doute parce qu'il pensait que seuls les hommes étaient réellement menacés. Mon cousin me raconte en pleurant de quelle terrible manière il a pu le rejoindre, alors qu'il n'avait que douze ans.

— Mes parents avaient divorcé et mon père avait refait sa vie. J'avais deux demi-frères, tu vois. Deux plus petits que moi. En Pologne, les persécutions s'intensifiaient. On tuait les Juifs partout, dans la rue, n'importe où : on les faisait sortir de leurs maisons, les femmes, les bébés, les vieux, tous. On les plaquait contre un mur, pan, c'était fini. Un jour, j'ai eu peur, trop peur, j'ai décidé de partir. J'ai pris

Zew, mon plus jeune frère, je l'ai posé dans une minuscule brouette, et je me suis mis en route vers la Russie, espérant laisser les assassins derrière moi. Nathan, mon autre frère, nous a suivis bien sûr. Il trottait derrière nous. Il criait : *« Je veux monter dans la brouette moi aussi, je veux monter ! »* Mais c'était tout simplement impossible. Il n'y avait pas de place pour deux, et Zew était encore bien petit pour faire le chemin à pied. Nathan a donc continué de marcher derrière moi, résigné… Peu à peu, nous nous sommes retrouvés des centaines sur la route… Tassés, une véritable cohue… Régulièrement je me retournais pour voir comment allait mon petit frère : il suivait, mais péniblement. Et puis à un moment… Je ne sais pas… Je me suis retourné pour la énième fois, et je ne l'ai plus vu.

Vivre avec ça. Respirer, manger, boire, chanter, faire l'amour, avec cette culpabilité à tout jamais dans le cœur… Combien de Juifs revenus des camps se sont-ils suicidés des années après la guerre ? Des centaines. C'est un comble : tous les Juifs qui ont survécu à l'Holocauste se sentent coupables d'être là, en pensant à ceux qui n'ont pas eu cette chance. Mikael a appelé son fils Nathan, comme le frère qu'il n'a pas pu sauver. Il traîne sa terrible histoire, comme tant d'autres charrient jour après jour la masse sombre, lourde et dense d'un malheur singulier et universel à la fois. Nous sommes cependant des êtres merveilleux, nous autres les humains : nous pardonnons. En tout cas

Mikael, malgré la colère et la tristesse qui l'animent, a pardonné. Pas moi.

*
**

Mon cousin et moi pouvons passer deux ans sans nous voir, mais nous gardons le contact. Nous nous écrivons, nous nous téléphonons même quelquefois. Nous nous racontons nos vies, nous parlons de nos enfants, d'avenir. Grâce à Mikael, je me sens beaucoup moins seul et pour cause : après la guerre, son père, mon oncle donc, a encore eu un fils et une fille. Zew, le frère que Mikael a pu sauver, s'est installé aux États-Unis, il a eu trois enfants. Tous ces petits-cousins me reconnaissent comme l'un des leurs. Je me réinscris dans une lignée, celle des Weismann, que je ne suis plus le seul à prolonger. Au fil des années, je vais pouvoir leur rendre visite : ils vivent en Espagne, en Floride, en Californie, en Israël ; j'irai partout les serrer dans mes bras, je suivrai leurs parcours, il y aura des mariages, des naissances, des repas à partager, des parties de pêche, des maladies et toutes sortes d'épreuves aussi, mais tous ces événements, heureux ou malheureux, nous les traverserons ensemble. Nous sommes une famille, et comme c'est bon de pouvoir se le dire !

Sans doute grâce à eux, juste parce qu'ils existent et qu'ils me reconnaissent comme l'un des leurs, je sors peu à peu de ma coquille. Je me confie davantage à mes proches. Pourtant, je garde un secret : je n'ai fait part à personne de l'idée de voyage qui me trotte dans la tête. Un sentiment confus gonfle en moi depuis des années. Il ne me commande pas de raconter mon enfance à ceux que j'aime pour me décharger de ma peine, il m'appelle ailleurs. À Auschwitz où mes parents et mes sœurs, comme tous les raflés du Vél'd'Hiv, sont allés finir leur vie. Je ne peux pas me l'expliquer, mais il me semble tout à coup que je pourrais mourir de honte si je passais encore une année sans m'y rendre. Je le dois à mes parents et à mes sœurs. Je n'ai pas le choix. Mes amis, dont Jo, tentent de me dissuader d'accomplir ce macabre pèlerinage. Ils pensent que cela ne fera que raviver mon traumatisme, que je pourrais le regretter jusqu'à la fin de mes jours. Je ne les écoute pas, mais il est vrai que je ne me sens pas de taille à y aller tout seul. Finalement, je demande donc à mon cousin de m'accompagner, j'en fais même une condition.

— Mikael, je sens que je dois aller à Auschwitz, mais je ne le ferai que si tu viens avec moi. Penses-y. Et puis, ce sera aussi l'occasion de venir voir où tu vis, de rencontrer ta femme et ton fils...

Il m'a donné rendez-vous à Berlin-Est. La route est longue en Peugeot 404... Francine et moi profitons peu de la traversée de la France, puis de l'Allemagne : nous prenons le temps de nous reposer et de nous restaurer quand c'est nécessaire, mais nous ne sommes pas d'humeur à jouer les touristes. Les années soixante touchent à leur fin, pas la guerre froide... Voici Berlin et le mythique Checkpoint Charlie. Je dis mythique parce que, au-delà du mur, un autre monde commence. L'inconnu nourrit tous les fantasmes : nous avons entendu parler de la République démocratique d'Allemagne comme d'un pays de misère, de silence, de répression, où la CIA s'infiltre sous le masque de citoyens ordinaires et où le KGB défend ses secrets... Toutes les personnes qui y séjournent n'officient pas dans le renseignement pour autant, mais nous devons quand même donner la preuve que nous rendons visite à un membre de notre famille en Pologne et indiquer la date de notre retour. Notre voiture est passée au peigne fin, le contrôle des papiers s'étire en longueur entre des hommes armés, méfiants, tendus. Mikael nous attend de l'autre côté. Nous nous sommes vus trois fois jusque-là, toujours en France, preuve qu'il est quand même possible de traverser le rideau de fer, en tout cas pour lui, un Polonais cultivé, élu de son village.

Quand nous passons la frontière, quand nous quittons l'opulente Allemagne de l'Ouest pour Berlin-Est, nous sommes aussitôt saisis par une ambiance sinistre. Tandis que je reviens sur les pas de mes parents, physiquement, j'ai aussi la sensation de remonter le temps.

Avant de nous emmener en Pologne, mon cousin veut nous montrer la ville de Gera, en Thuringe. C'est là que Hitler a produit sa toute première démonstration de force, en 1931. Quelques années plus tôt, il était déjà venu faire un discours dans cette ville traversée par un fleuve. Il avait mis des heures à franchir le pont menant à la place principale parce que des manifestants l'en avaient empêché. Après avoir convaincu des milliers de personnes de rejoindre son mouvement, Hitler est donc revenu à Gera, sûr d'écraser facilement les éventuels contestataires, cette fois. Et en effet, non seulement il a réuni les foules dans la ville pour écouter son nouveau discours, mais il a fait défiler cinq mille jeunes nazis, en uniforme, d'un pas parfaitement cadencé, comme s'il s'agissait d'une armée d'État constituée et entraînée de longue date, alors qu'il n'était même pas encore installé au pouvoir. Comment les habitants de cette région, comment les Allemands, dans leur ensemble, auraient-ils pu douter que ce petit homme résolu leur avait été envoyé par la Providence pour sauver leur pays ?

Mikael a des amis allemands dans le coin, ils nous reçoivent tous à bras ouverts. Chaque fois que j'entre dans une maison, je retiens mon souffle. Je vais partout à reculons parce que je me sens mal à l'aise. Mon cousin a beau m'assurer que ces gens ne cachent aucun sentiment antisémite, qu'il les considère comme ses propres frères, je n'arrive pas à les voir autrement que comme nos anciens bourreaux. Nous nous asseyons sur un canapé, on nous sert un café, timidement. Un homme me raconte son histoire, façon de présenter des excuses.

— J'étais officier SS pendant la guerre. Je me suis

fait avoir, comme les autres. J'ai cru en l'idéal que proposait Adolf Hitler. Depuis le traité de Versailles, on nous avait tout pris et notre pays subissait une crise économique permanente. Je trouvais ça injuste : je n'étais même pas né en 1918. Je me suis enrôlé parce que je pensais que c'était le bon choix. Je suis allé au front. Je n'ai jamais mis les pieds dans un camp. Croyez-le ou non, mais les soldats les moins gradés, comme moi, qui combattaient l'ennemi, les armes à la main, ignoraient ce qui se passait dans les camps. Pour nous, c'étaient des camps de prisonniers, c'est tout.

Je ne sais pas si je le crois. Je me moque de le croire ou non. Je me moque même de savoir si je dois le croire : de toute façon, à son niveau, il n'aurait rien pu faire. J'ai en face de moi un homme qui se sent coupable pour plusieurs raisons. Coupable d'avoir cru que le national-socialisme relèverait son pays. Coupable de s'être engagé. Coupable d'avoir tiré et d'avoir tué, certainement, des soldats français. C'est bien connu : il n'y a pas de vainqueur dans une guerre, il n'y a que des vaincus. Sa femme, qui nous sert le café en silence, cette Allemande qui n'a peut-être jamais levé le bras en signe d'allégeance à Hitler, a souffert dans sa chair et dans son âme. Sur leur route vers Berlin, les troupes soviétiques se sont arrêtées chez elle. Pour moi, pour les presque cadavres qui résistaient encore dans les camps, les Russes faisaient figure de héros. Pour elle, ils se sont comportés en bourreaux.

La prochaine étape de notre voyage nous conduit à Wroclaw, dans le sud de la Pologne, chez Mikael lui-même. Il me présente son épouse, son fils, nous nous retrouvons en famille, mais nous n'avons pas le cœur à festoyer pour autant. Francine a voulu participer au voyage parce qu'elle a trop souffert, enfant, de sa judéité : sa mère l'a toujours encouragée à la cacher, comme s'il fallait en avoir honte, et elle ne s'est jamais rebellée. Ma femme vient ici trouver la preuve qu'être juif dans les années trente et quarante n'avait rien de sale, rien de pitoyable, et que seuls les monstres nazis en ont fait quelque chose de laid. Elle vient pour se persuader que ce n'est pas à elle d'éprouver de la honte. Elle est là pour comprendre qui elle est vraiment, c'est-à-dire où elle se situe parmi les six millions de victimes. Moi, je ne suis venu que pour quatre d'entre elles.

Nous prenons la voiture, la mienne, et nous roulons jusqu'à Auschwitz. Nous longeons la voie de chemin de fer par laquelle les déportés arrivaient systématiquement. Les piquets, tout autour du camp, se tiennent toujours parfaitement droit. À leur sommet, ils sont légèrement incurvés et s'achèvent par une applique en col de cygne. Sur chaque piquet sont installées des douilles électriques autour desquelles les fils barbelés sont enroulés, puis tendus jusqu'au pieu suivant. Nous entrons. Là, je vois : des baraques de bois, des châlits comme des cages à lapins, encore plus serrés que ceux de Beaune-la-Rolande, des montagnes de valises, des montagnes de chaussures, des montagnes de boîtes de conserve – les gamelles des internés –, des montagnes de cuillères, de fourchettes, pas de couteaux, des montagnes de nattes blondes, brunes, rousses, des queues de cheval, des chignons encore enroulés. Une chambre à gaz, carrelée au sol, percée de plusieurs trous au plafond. Des fours. Plusieurs salles ont été aménagées en musée, les murs sont couverts de photos. Et là, je distingue : une femme, descendant d'un wagon, un enfant dans les bras, un autre accroché à sa jupe. Un homme sur un tractopelle, une cigarette au bec, comme s'il labourait son champ à la toute fin de l'été. En fait, il ramasse des corps, par dizaines. Un enfant, maigre et quasi nu, marche le long d'un talus sur lequel gisent d'autres enfants, morts.

À côté de nous, des touristes partagent une bouteille de Coca, comme s'ils sortaient d'une séance de cinéma… C'est bien qu'Auschwitz-Birkenau ait été conservé et transformé en lieu de mémoire. C'est bien que les Polonais aient fait cela. Mais pour moi, visiter cet endroit, c'est tout simplement insoutenable. Nous remontons en voiture, j'ai la sensation d'être devenu fou. Nous roulons sans dire un mot. Je m'arrête dans une station-service pour faire le plein d'essence, j'ouvre le réservoir, je regarde l'employé enclencher la pompe, je tremble de tous mes membres, j'allume une cigarette. Il me fait des gestes affolés, il hurle que c'est interdit dans sa langue que je comprends si mal, mais bien sûr, quel abruti je fais.

— Mikael, je te dépose où ?

— Écoute Joseph, tu es bouleversé. Viens te reposer chez moi. Viens à la maison !
— C'est impossible. Je ne peux pas rester une minute de plus dans ce pays.

Nous roulons sans arrêt jusqu'à la Hollande. Nous y passons une nuit, et nous rentrons aussitôt, d'une traite, jusqu'au Mans.

Jamais plus je n'aurais pu me regarder dans la glace si je n'avais pas fait ce voyage jusqu'au camp d'Auschwitz. Cette décision ne relevait d'aucune logique, elle obéissait seulement à un besoin impérieux. Comme lorsque je me suis évadé : je devais le faire. Cette fois encore, je ne me suis pas dérobé, je n'ai pas fait preuve de lâcheté. Je regarde mes enfants, je repense à ceux que j'ai vus, en photo, là-bas. Ils n'ont donc pas tous été exterminés dès leur arrivée. C'est terrible, mais j'espère de tout cœur que mes sœurs ont été conduites directement du train à la chambre à gaz. Pourquoi leur souhaiterais-je d'avoir survécu une semaine, un mois, un an ? Quelle odeur pouvait bien avoir l'air qu'elles respiraient ? Quel goût pouvait avoir le pain qu'elles mangeaient ? Je prie pour que mes parents aient été exécutés dès leur arrivée. Je pourrais le savoir, peut-être, si je faisais des recherches : les Allemands étaient si méticuleux, ils notaient tout dans leurs registres. Je ne veux pas savoir. J'ai vu, c'est assez.

– 13 –

TROUVER SA PLACE

Il n'y a pas trente-six manières de survivre aux traumatismes que l'on a subis. Si on les laisse vous envahir la tête et le cœur toute la journée, c'est fichu. Ils prennent le pouvoir, ils finissent le travail commencé par les bourreaux du passé. La plupart du temps, je n'ai pas beaucoup de mal à regarder vers l'avant. Un rayon de soleil me réjouit, une averse aussi parce qu'elle arrose le jardin. L'ennui, c'est que je ne contrôle pas tout. Et quand c'est une nation entière qui se soulève, au printemps 1968, je suis quasiment saisi de panique à l'idée que tout recommence. Dans les journaux, à la radio, on parle d'une révolution. Moi, je vois dans le désordre qui envahit la France une menace terrible. Ils cassent tout, ils veulent tout prendre, tout redistribuer, repartir de zéro. Merci, très peu pour moi. J'ai déjà tenté l'aventure, quand je me suis retrouvé sans famille, à onze ans, puis sans identité à dix-huit. J'ai récupéré un commerce moribond et j'en ai fait une entreprise au chiffre d'affaires suffisant pour nourrir les miens. Je ne tiens pas à mes richesses :

je n'en ai pas. Mais ce que je possède, une maison, quelques jolis meubles et un peu d'argent à la banque, je l'ai gagné honnêtement. Il ne s'est même pas écoulé trente ans depuis que les Juifs ont été dépouillés de tous leurs biens. Et j'ai beau voir que cette fois, ce n'est plus une crise économique associée à l'antisémitisme qui motive les artisans de la révolution, c'est plus fort que moi, je me méfie.

Je ne cède pourtant pas tout de suite à la peur... jusqu'au jour où je vais à la banque pour chercher de quoi payer mes salariés. Un piquet de grève m'empêche d'entrer. J'essaie de négocier, en vain. Alors, ce sera quoi la prochaine étape ? Une autre Nuit de cristal ? Je réaliserai plus tard combien ma réaction est démesurée, mais pour l'heure, je le reconnais, une frayeur rétrospective me saisit. Nous sommes en 1968, je me crois revenu en 1940 ! Sans doute le traumatisme que j'ai subi est-il à jamais trop présent dans mon esprit pour me laisser réfléchir et analyser calmement la situation. Après avoir accompli mon service militaire, j'ai eu toutes les peines du monde à obtenir mes papiers : l'État français me protégera-t-il comme n'importe quel autre citoyen, j'entends par là n'importe quel citoyen non juif ? Mon père avait bien obtenu sa naturalisation, ça ne l'a pas beaucoup aidé... Par ailleurs, comment la France pourrait-elle faire appliquer la loi, dans une telle pagaille ?

Je décide alors qu'on ne m'aura pas comme mes parents. Si le désordre vire à la véritable anarchie, si le pays se retrouve à feu et à sang, Francine, nos trois enfants et moi irons vivre en Suisse. Je ne mets pas au point un plan visant à vendre mon affaire et tous mes biens avant de récupérer leur valeur sur un compte bancaire. Je me moque de l'argent. Pour pouvoir dormir tranquille, je veux seulement organiser notre arrivée en Suisse si l'exode se révèle nécessaire. Je suis ridicule, peut-être, et tant mieux si je le suis ! Tant mieux s'il s'avère, dans quelques mois, que la révolution ne nous menaçait en rien, nous autres, les Juifs de France. Pour l'instant, j'aime mieux prévoir. Ça ne coûte rien et qui sait, cela pourrait nous sauver.

Pour ne pas éveiller les soupçons, un jour que le guichet de la banque est accessible, je retire trente mille francs, de quoi tenir un bon mois, guère plus. Je me dis que quelques semaines en Suisse, à l'abri donc, devraient me suffire à trouver un boulot pour subvenir à nos besoins. Je laisse les clés du magasin à mes salariés, et j'embarque toute ma famille dans la voiture, les billets soigneusement alignés dans une petite valise. Si nous sommes contrôlés par les douanes, mon discours est tout prêt : nous partons en vacances, voilà de quoi nous offrir quelques beaux hôtels et restaurants de qualité pendant huit jours... À Bâle, j'ouvre un compte à l'Union des banques suisses, la plus grande.

À notre retour, le plus gros des pavés a déjà fini de voler et la France semble retrouver un rythme de vie plus ou moins normal. J'attends deux ou trois ans, par précaution, avant de constater que nous gardons un avenir au Mans et de rapatrier notre petit pécule. Ai-je été ridicule, vraiment ? Qui peut dire qu'il n'a jamais peur des chiens après qu'un chien l'a mordu ?

J'ai la blague facile, l'œil rieur, un bon coup de fourchette et la joie de vivre chevillée au corps. Pourtant, je passe ma vie aux aguets. Impossible de faire autrement : j'étais enfant, j'avais confiance, on m'a tout pris avec une telle violence. Et toute ma vie, j'ai vu passer tant de menaces...

En 1947, à seize ans, dans la solitude de ma chambre, je me suis réjoui de la naissance de l'État d'Israël. Elle ne me concernait pas dans la mesure où je savais déjà que je voulais vivre en France, mais j'étais heureux pour ces hommes et ces femmes qui, comme ma mère, avaient tellement rêvé de Jérusalem et qui l'atteignaient enfin. Un peu plus d'un an après, quand la première guerre israélo-arabe a commencé, j'ai passé des heures l'oreille collée à la radio. J'étais de tout cœur avec les combattants juifs ; j'avais un fusil dans la tête. Les hommes luttaient presque à mains nues face aux alliés de la Palestine, le Liban, l'Égypte, la Syrie, la Jordanie, l'Irak, des nations puissantes, déterminées à empêcher la création officielle de l'État d'Israël, des pays qui alignaient des tanks, des canons, des avions, des bateaux ! Les émigrants juifs, accourus du monde entier, venaient à peine de mettre le pied à terre. Ils se sont retrouvés avec un fusil en main sans savoir qu'ils le tenaient à l'envers et combien se sont tués par méconnaissance du maniement des armes ! Ils ont résisté de façon fantastique. Quand j'ai entendu ça, dans la chaleur du foyer des Margel, tout mon être vibrait, j'étais en extase. Mes compagnons des Auberges de Jeunesse évoquaient la guerre, mais je ne participais jamais aux discussions. J'avais dix-sept ans, je vivais toujours dans l'attente du retour de mes parents et dans l'idée que la prière de maman serait exaucée : « L'an prochain à Jérusalem ». J'ai fini par comprendre, hélas, qu'elle ne respirerait jamais le parfum des orangers.

En 1962, le SS Adolf Eichmann a été arrêté, emmené en Israël, jugé et condamné à mort. J'ai pensé alors qu'il s'agissait d'une juste décision, j'étais favorable à la peine de mort en ce qui le concernait, mais je n'ai pas sauté de joie pour autant : son exécution ne ramenait personne. Cinq ans plus tard, le sang a coulé à nouveau en Israël, j'ai tremblé. Le temps de comprendre ce qui se passait et la guerre des Six-Jours avait déjà pris fin. Israël a pu étendre son territoire jusqu'au canal de Suez, il me semblait que cette nation était désormais invincible. Pourtant, à part ma femme et mes enfants peut-être, personne ne s'est rendu compte de mes tourments ni de mes émois pendant ce conflit.

Je mange du saucisson, comme mes copains. Je ne me rends à la synagogue qu'une fois par an, avec les petits, pour la fête de Pourim. Comme c'est la coutume, ils se déguisent, ils adorent ça...

C'est notre seule et unique façon de reconnaître notre judéité qui, pour moi, n'est ni une race, ni une religion. Je regrette évidemment les torts causés aux Palestiniens. Je me rends bien compte que de nombreuses victimes innocentes souffrent chaque jour de l'arrivée massive des Juifs en Israël. Mais je ne peux pas m'empêcher de me dire que si nous avions eu une terre plus tôt, nous aurions pu constituer une armée et nous défendre. Les six millions de personnes abattues sommairement, tuées au travail dans les camps ou gazées, auraient pu se battre chez elles. Et vu ce qui s'est passé en 1948 puis en 1967, je peux légitimement penser que ça aurait tout changé.

En octobre 1973, l'Égypte et la Syrie ont entrepris de reprendre le Sinaï conquis six ans plus tôt. Aidée par les Soviétiques, la coalition arabe est entrée en Israël comme dans du beurre. J'aurais juré que c'était la fin. J'ai pris une cuite magistrale et j'ai pleuré pendant deux jours. L'invasion a eu lieu pendant Kippour, quand tout le monde se trouvait à la synagogue... Moi qui ne suis pas croyant, j'étais ulcéré que l'attaque ait commencé pendant la fête la plus sacrée. Je n'aime pas beaucoup croiser des Juifs avec la barbe, les ficelles et le chapeau ici, en France : j'ai le sentiment qu'ils s'exposent volontairement au danger, qu'ils provoquent la discrimination sans y avoir réfléchi. Mais je veux que tous les hommes, quelle que soit leur religion, aient une terre où ils puissent vivre en paix selon leurs propres croyances. Les Juifs les premiers parce qu'ils ont été persécutés, plus que les autres. Un couple d'amis qui ne se montrait pas plus pratiquants que moi a un fils qui est parti s'installer là-bas. Il est même devenu un ultra-religieux. Je m'interroge sur les raisons qui l'ont amené à ce mode de vie radical, mais je suis satisfait qu'il ait trouvé sa place dans le monde. Sa place qui n'est pas la mienne…

Francine est juive, c'est un fait, parce que sa mère l'est aussi. En l'épousant, je m'étais doublement félicité : d'un côté je ne trahissais pas maman, de l'autre je progressais vers une vie plus laïque, et donc moins exposée aux persécutions. Ma femme n'a jamais reçu d'éducation religieuse et elle ne va pas plus souvent que moi à la synagogue. Quant à inviter un *schnorer* à notre table le samedi, il n'en est question ni pour l'un, ni pour l'autre. Pourtant, au fil des années, Francine s'est découvert une « âme juive », et j'en suis en partie responsable. En vivant à mes côtés, jour après jour, elle a intégré mes souffrances et, à travers elles, les souffrances du peuple juif. Il y a eu ce voyage à Auschwitz. Il y a eu ce pèlerinage à Beaune-la-Rolande avec Jo. Il y a eu, surtout, de nombreux moments où elle a vu mes larmes monter sans que je puisse les refouler, parce qu'une image du passé surgissait soudain dans ma tête. J'ai mis du temps à prendre conscience de l'évolution de mon épouse au sujet de la judéité, et quand elle m'a annoncé, au début des années soixante-dix, qu'elle souhaitait que nous partions nous installer en Israël, je suis resté sans voix. Je ne concevais pas, alors qu'elle avait vécu une enfance protégée en Angleterre, alors qu'elle n'avait perdu aucun proche par la faute des nazis, qu'elle se sente ainsi attirée par la Terre promise.

– Tu n'as donc pas tout ce que tu veux, ici, au Mans ? Quel confort pourrais-tu espérer de plus, là-bas, sinon un soleil plus chaud sur ta peau ?

– Joseph, là n'est pas la question : il ne s'agit pas seulement de moi et de mon confort... Tu te souviens de ce jour où nous avons appris que certains parents, à l'école, évoquaient nos filles comme « deux petites youpines » ? C'est pour elles et pour Francis que je veux partir en Israël. Je veux que nos enfants comprennent ce que c'est qu'être juif, parce que lorsque l'on grandit, comme moi, dans un pays, une famille, une maison où ça ne compte pas, ou pire, où l'on se cache d'être juif, on ne peut pas comprendre. Et ce qu'on ne comprend pas, vois-tu, cela nous encombre.

Mes protestations et celles de nos amis n'ont pas pu entamer sa détermination. Francine voulait tellement partir qu'elle m'a convaincu de céder. Je n'allais quand même pas la laisser émigrer toute seule...

Au printemps 1974, nous confions armoires et buffets au garde-meubles, nous trouvons un locataire pour la maison. Nous mettons notre affaire en gérance et plaçons la surveillance des comptes aux bons soins de Lucien, mon ami expert-comptable. Le nouveau directeur du magasin et mon premier vendeur se détestent, tant mieux, et vive la politique du diviser pour mieux régner... En fait, je prends les dispositions nécessaires aussi bien pour rester en Israël que pour rentrer dans de bonnes conditions. Après tout, si Francine a raison et que toute la famille s'épanouit pleinement là-bas, pourquoi ne pas y demeurer ? Mais si, comme je le crains, la vie du kibboutz déplaît aux petits bourgeois que nous sommes, nous ne recommencerons pas tout de zéro en revenant au Mans.

Au Mans et à Paris, ma femme a assisté à maintes conférences organisées par les représentants de la communauté juive, en partenariat avec le gouvernement israélien, pour encourager les Juifs français à émigrer et les aider dans leurs démarches. C'est ainsi que nous avons choisi le kibboutz Shfayim, situé au bord de la Méditerranée : venant d'une région tempérée, nous craignons un peu les chaleurs accablantes du désert. Par ailleurs nous avons sympathisé avec un couple de Français candidats à l'émigration, comme nous, à Shfayim. Nous nous sentirons peut-être moins seuls si nous pouvons parler dans notre langue, le français, quelques heures par semaine.

Nous montons donc dans l'avion, tous les cinq. Francis est un adolescent maintenant, il a dû laisser tomber le lycée et ses copains, il part avec méfiance. Nicole ne cache pas à sa mère qu'elle la tient pour seule responsable d'un choix qui lui déplaît. Isabelle suit le mouvement, bon gré mal gré. Le fait que nous arrivions en famille, avec trois enfants en bonne santé, dont l'un bientôt en âge d'accomplir son service militaire et d'apporter la vivacité de ses forces au pays fait de nous des émigrants de choix. On nous a promis une maison individuelle : quand nous la découvrons, aussi fatigués que nous soyons par le voyage, nous ne pouvons masquer notre déception. Elle est en sale état et, surtout, des cafards gros comme le pouce, bruns comme du bois, courent le long des plinthes. Le container dans lequel nous avons expédié l'essentiel de nos affaires personnelles a traîné en route : nous ne disposerons que du contenu de nos petites valises pendant encore au moins quinze jours. On promet de mettre sous peu à notre disposition une nouvelle habitation, plus confortable et plus propre. En attendant, il faut commencer à s'intégrer au village...

En hébreu, je connais un mot, un seul : *shalom*. Un peu court pour tenir une conversation. Au début, pour l'ordinaire, on se débrouille en mélangeant le yiddish et l'anglais, mais il va falloir apprendre sérieusement la langue du pays. Mes enfants n'en savent pas plus que moi, et ils en souffrent, toute la journée, sur les bancs de l'école. Les enseignants n'ont pas le temps de leur donner des cours particuliers en français et, de toute façon, ils ne parlent que l'hébreu.

Pour les nouveaux arrivants adultes, la journée se divise en deux : travail le matin, cours d'hébreu l'après-midi, et inversement une semaine sur deux. J'ai choisi de me rendre utile dans les vergers. Une décision qui a ravi les responsables du village : les jeunes préfèrent monter sur les tracteurs, la main-d'œuvre manuelle se fait rare. Je vais bientôt comprendre pourquoi... Même si j'apprécie de passer des heures parmi les fleurs d'agrumes délicieusement odorantes, je n'ai pas l'habitude d'accomplir un travail aussi physique. Quand j'arrive au cours de langue après le déjeuner, j'ai le dos rompu, les mains calleuses, et dans la chaleur écrasante qui règne sur le kibboutz, je ne rêve que d'une chose : une sieste au frais... Je dois me faire violence pour rester attentif, même si je brûle d'envie d'apprendre. Moi qui ai toujours regretté l'absence d'un mentor à mes côtés pour me faire progresser intellectuellement, je tiens à saisir l'occasion qui m'est offerte de maîtriser, au moins à l'oral, cette langue orientale complexe. Par ailleurs, je ne veux pas prendre le risque de l'échec : en décidant de suivre Francine dans cette aventure, j'ai aussi décidé d'assumer pleinement. Je considère maintenant que j'ai fait le choix de venir ici autant qu'elle. Pas question de traîner les pieds, de rechigner aux efforts, de faire preuve de mauvaise volonté. Si nous devons rentrer au Mans un jour, ce ne sera pas faute d'avoir vraiment essayé de nous intégrer et de nous plaire ici. Je suis même prêt à me soumettre à toutes les exigences que les responsables du kibboutz peuvent attendre de moi, y compris à celles qui me terrifient le plus…

Devenir citoyen israélien inclut en effet des devoirs vis-à-vis de la nation. La protéger des attaques extérieures en fait partie. Nous sommes cernés par des pays arabes hostiles et nous ne devons la paix relative dans laquelle nous vivons qu'à la force de dissuasion que nous imposons à nos frontières. Le chef du kibboutz me convoque.

— Joseph, tu sais que tous les membres de tous les kibboutz d'Israël se relaient pour monter la garde dans les villages les plus exposés aux attaques ?

— Oui, je le sais…

— Nous pensons que tu es prêt à le faire toi aussi.

— Moi ? Non, je ne suis pas prêt du tout. Depuis mon service militaire en France, je n'ai jamais eu une arme dans les mains. Et encore, même à l'époque, je ne m'en étais pas servi ! Je suis désolé, mais je vous assure, je serais incapable d'assurer la sécurité de qui que ce soit.

— Mais non, mon ami… Tu verras bien quand tu y seras !

Francine et moi, nous nous sommes donné deux ans. Deux ans avant de nous asseoir à une table pour faire le bilan de notre nouvelle vie et de décider si nous restons ou si nous rentrons. L'échéance arrive bientôt, et le chef du kibboutz le sait. A-t-il voulu tester mon attachement à Israël en m'envoyant garder la frontière ? De me faire comprendre, concrètement, à quoi je m'engagerai si je choisis de vivre le restant de mes jours ici ? Il ne peut pas savoir à quel point je tiens à l'existence de cet État : je ne lui en ai jamais parlé. Tout juste a-t-il appris que mes parents étaient morts à Auschwitz. Comme tant d'autres proches des habitants de notre village... En fait, si je crains de devoir passer quelques jours et quelques nuits à un poste frontière, ce n'est pas pour ma propre sécurité. Je redoute réellement de me montrer inefficace en cas d'attaque ennemie. Mais bon. Au bout du compte, il semble que je ferais mieux de remballer mes doutes et de m'exécuter sur-le-champ...

Après des heures de route avec quelques compagnons de Shfayim, j'arrive dans un kibboutz situé à la frontière du Liban. Nous allons rester là quelques jours, nous relayant toutes les douze heures pour surveiller la ligne, juste à la sortie du village, après laquelle la terre juive devient une terre arabe. Nous visitons d'abord plusieurs maisons, l'école, le réfectoire. Nous croisons des enfants qui pourraient être les miens, des femmes, des hommes, heureux de nous accueillir comme ils accueillent certainement tous ceux qui viennent leur prêter main-forte pour quelque temps. L'un deux m'enlace chaleureusement.

– Avec un homme comme toi, je sens que je vais pouvoir dormir sur mes deux oreilles ! Je n'aurai pas de crainte pour mes fils et mes filles. Il ne nous arrivera rien !

Passé la première seconde d'étonnement, me vient l'idée qu'il se moque de moi... Mais non, le pauvre, il est sincère. J'ai l'impression d'être le héros malgré moi d'un sketch en caméra cachée. Hélas, une tension réelle règne dans le village où chacun se sent menacé, à chaque seconde, et je vais devoir me montrer digne de la confiance que l'on m'accorde.

De toute notre petite équipe, c'est moi que l'on désigne pour monter au sommet du mirador. De là, je suis relié au commandement par radio. Ma mission est simple mais elle demande une attention constante : balayer la frontière du rayon d'un immense projecteur toutes les trois minutes, alerter les autres surveillants en cas de danger... et tirer si l'affaire est urgente. La nuit tombe, mon tour commence, les heures s'écoulent. J'entends régulièrement des commentaires passés par radio. J'ignore si c'est à mon intention : non seulement mon hébreu laisse encore à désirer, mais le son crachoteux qui parvient à mes oreilles ne facilite pas la compréhension. Arrive le moment où ce que je redoutais le plus semble se produire : alors que je balaye, pour la énième fois, la frontière du Liban, j'aperçois plusieurs petites lumières, comme des lampes électriques qui se voudraient discrètes. Je distingue aussi des ombres en mouvement. Des terroristes... Tout à coup, j'ai le front trempé de sueur. J'arme la mitrailleuse avec maladresse, je retiens mon souffle, quand j'entends à la radio un avertissement, prononcé assez lentement cette fois pour que je comprenne chaque mot :

— Ce sont des gazelles. Ne tirez pas, ce sont des gazelles !

Ce que j'avais pris pour de minuscules torches électriques, c'étaient en réalité les yeux des bêtes. Quel soulagement ! Je vais passer le reste de la nuit à me demander si j'aurais osé tirer. Ma réponse est la suivante : oui, j'aurais pu tuer des terroristes venus briser la vie des enfants juifs qui dormaient dans ce village. Ils ont accompli des actions terribles dans certains kibboutz. Ils ont massacré, torturé des gens. Alors oui, j'aurais tiré jusqu'à ma dernière cartouche. Mais quant à savoir quels sentiments j'aurais éprouvés après avoir abattu un homme, je l'ignore encore. J'imagine qu'il faut l'avoir vécu pour le savoir.

À Shfayim, Francine a travaillé au ramamot, une serre où l'on cultive des roses destinées à la vente. Elle ne s'y est pas attardée plus de quelques mois. Elle a testé plusieurs autres tâches, sans plus de succès. Après un court voyage en Angleterre pour assister à l'enterrement de son père, elle nous a rejoints mais son engouement pour Israël semblait déjà clairement émoussé. Pour couronner le tout, elle est désormais affectée à l'annexe de la basse-cour. Elle doit plumer des poulets toute la journée, entourée par de vieilles Lituaniennes primitives et méfiantes envers cette Française. Depuis presque deux ans, notre vie de famille ne ressemble en rien à celle que nous connaissions au Mans. Les enfants ne dorment pas dans notre maison mais dans des dortoirs où ils ont été répartis selon leur âge. Ainsi, non seulement ils sont séparés de leurs parents la journée, mais aussi la nuit. Nous prenons nos repas du soir ensemble et nous nous retrouvons toute la journée du samedi, c'est tout. Les enfants ne semblent pas en souffrir dans la mesure où ils atteignent un âge où l'on demande de plus en plus d'autonomie. Les rudiments de yiddish que j'ai gardés en mémoire grâce à ma mère m'ont aidé à progresser assez rapidement en hébreu. Mon épouse, elle, a beaucoup de mal avec l'unique langue que l'on parle dans le kibboutz, du matin au soir. Nous passons bien quelques bons moments avec nos amis français, nous apprécions les sorties communautaires organisées dans le pays, les promenades sur la plage et les séances de cinéma, en anglais, sur la place centrale du kibboutz, mais rien de tout cela ne donne vraiment le sourire à ma femme. Elle ne se sent ni plus ni moins juive qu'avant. Ce que Francine est venue chercher ici et qu'elle n'avait pas au Mans, elle ne l'a pas trouvé à Shfayim.

Les enfants n'avaient pas été associés à notre décision de venir en Israël. Ils ont fini par le vivre comme une expérience enrichissante, mais ils nous ont d'abord servi une belle soupe à la grimace pendant des mois. Maintenant, ils sont tous bien intégrés au kibboutz, et nous leur proposons de décider avec nous de l'avenir de notre famille. Chacun a voix au chapitre, Francis le premier parce qu'il a dix-sept ans, l'âge d'accomplir son service militaire ici.

— Vous faites ce que vous voulez, mais moi, je rentre en France !

Nous le rapatrions aussitôt chez des amis. Ils prendront soin de lui jusqu'à ce que ma femme et ses sœurs le rejoignent, au mois de mai. Quant à moi, je me suis engagé vis-à-vis du kibboutz à assurer une dernière cueillette au verger.

Lorsque je retrouve ma famille au Mans, le printemps est déjà bien installé, les camélias ont fini de fleurir depuis longtemps, les chèvrefeuilles préparent leur éclosion. Je reprends les rênes du magasin. En Israël, j'ai beaucoup apprécié que le médecin, l'éboueur et le paysan soient traités de la même manière. Chacun touchait son budget au début du mois en fonction du nombre de personnes dans sa famille, et qu'importait le type de travail accompli. Au Mans, j'adapte cette pratique égalitaire d'une certaine façon puisque chacun de mes employés est intéressé aux bénéfices de l'entreprise. Je les appelle mes collaborateurs, je les consulte pour les grandes décisions, je valorise leurs qualités, je n'établis aucune hiérarchie sociale ou professionnelle entre nous : le livreur a autant d'importance que le vendeur ou le comptable, nous sommes tous les

maillons d'une chaîne, indissociables et nécessaires les uns aux autres. Il arrive que l'on me demande :
— Alors, Israël ?

Je m'entends alors répondre avec assurance :
— Une sacrée belle expérience. Un pays magnifique.

Je n'en rajoute pas trop. Je n'aimerais pas m'entendre dire que je n'ai qu'à y retourner, puisque c'est si bien là-bas. Ce n'est pas mieux. Ce n'est pas pire. C'est différent et, j'en suis convaincu de manière plus intime encore à présent, ma place ne se trouve pas là-bas. Pourtant, j'ai laissé une partie de mon cœur en Israël. Son peuple me manque. Le courage dont chacun fait preuve au quotidien dans ce pays force mon respect. Il est tellement plus facile de vendre des meubles dans la paisible ville du Mans.

Tous nos amis nous avaient déconseillé de nous exiler, Jo le premier. Depuis nos retrouvailles, et bien que des milliers de kilomètres nous séparent, je l'ai toujours consulté pour les décisions importantes. Je l'interroge comme on demande son avis à un frère : on n'en tiendra pas forcément compte, mais on l'aura entendu.

Parmi les personnes de mon entourage, en fait, Jo est ce qui ressemble le plus à un frère pour moi parce qu'il est le seul être vivant qui m'ait connu enfant. Je n'ai pas de nouvelles de Léa ni de Judith, qui étaient cachées avec moi chez la vieille pendant la guerre. Je n'ai pas tellement cherché à en avoir non plus, notamment parce que leur patronyme, Cohen, très répandu de par le monde, ne me faciliterait pas la tâche. Peut-être aussi parce que nous avons peu de souvenirs heureux à nous remettre en mémoire. Il est facile, pour Jo et moi, d'éprouver une certaine nostalgie lorsque nous pensons aux quatre jours de notre évasion. Avec le recul, maintenant que nous sommes devenus adultes et que nous avons pleine conscience des dangers que nous encourions, nous pouvons presque rire de notre témérité. Même si notre histoire ressemble à celle de milliers d'enfants juifs arrachés à leurs parents, je ne crois pas avoir entendu parler d'une évasion pareille. En nous serrant la main, dans le camp de Beaune-la-Rolande, nous avons conclu un pacte. Trente ans plus tard, il vaut toujours.

Quand mon moral flanche, je me rappelle mon credo, en boucle : le bonheur, droit devant ! La méthode Coué a fait ses preuves, elle marche aussi pas mal avec moi. Jo, lui, semble ne jamais connaître de baisses de régime. Il est allé vivre au pays des casinos, de la fête, de la nuit, il est devenu plus américain qu'un Américain de souche, il ne regarde jamais, jamais en arrière. J'ai décidé de lui rendre visite pendant quelques jours. Nous nous amusons beaucoup, il se moque tendrement de notre aventure israélienne.

– Je vous avais bien dit que ce n'était pas une bonne idée d'aller là-bas ! Qu'est-ce que vous cherchiez au juste ?

Je me sens obligé de me justifier d'un choix qui n'était pas le mien.

— On voulait vivre une nouvelle expérience.

— Ah ! Mais quelle expérience ? La dernière fois que je suis venu au Mans, on a marché en forêt tous les deux, tu collais ton nez contre l'écorce des arbres, tu mâchouillais des feuilles. Tu pensais vraiment pouvoir te passer de ça ?

— Tu m'embêtes ! Et puis tu sais très bien que c'est Francine qui a insisté.

— Francine a insisté, mais tu l'as suivie ! À quarante-trois ans, tu devais bien savoir ce que tu faisais ! Tu allais chercher quelque chose là-bas, toi aussi !

— Tu as raison, je suppose. Sûrement que je cherchais ma mère.

— Ta mère ! Ta mère ? Mais elle est où, ta mère ? Tu sais très bien où elle est !

Jo ne veut pas me blesser, par ces paroles. Il me signifie au contraire qu'il m'a compris puisque ses propres parents ont quitté Beaune-la-Rolande pour la même destination, dont ils ne sont pas revenus non plus. Mon ami m'encourage à tourner la page, comme il a su le faire.

— Tu sais Joseph, je n'ai pas oublié mes parents moi non plus, mais à quoi ça me servirait de remuer tout ça ?

J'acquiesce, mais je ne lui donne pas raison pour autant. Ma mère, elle est où, ma mère ? Nulle part. Mes parents et mes sœurs n'existent plus nulle part. Ils n'ont même pas une tombe sur laquelle je pourrais me recueillir. Ils ont fait le voyage à

Auschwitz, ils ont été transformés en cendres, ils sont restés là-bas pour toujours, sans aucune chance de retour. D'eux, il ne me reste rien, et je ne peux rien faire pour eux non plus. Rien, sauf une chose, justement : remuer tout ça, comme dit Jo. Parler d'eux, et à travers eux, parler des six millions de Juifs exterminés entre 1933 et 1945.

– ÉPILOGUE –

TÉMOIGNER

Longtemps, je me suis fait tout petit. Passé mon coup de colère tonitruant – la guerre tout juste achevée – pour obtenir la canadienne remise aux déportés et internés de France, je me suis tu. Si un ami me demandait soudain : *Et tes parents ? Tu n'as plus tes parents ?,* je répondais d'une phrase lapidaire, voire d'un mot : *Auschwitz.* Je baissais la tête, mon interlocuteur passait à autre chose. Il fallait que ce fût un ami, bien sûr. Les gens qui n'ont pour vous aucune affection particulière s'embarrassent peu de votre désarroi. Leurs questions impudiques ne visent qu'à satisfaire leur curiosité, et la compassion ne suit pas. Combien de fois me suis-je retenu de les envoyer paître… Combien de fois ne me suis-je pas retenu !

Au magasin, parce que je refusais une ristourne trop importante par exemple, je me suis fait insulter. Radin comme un Juif, évidemment. Un youpin, plutôt, avec pour filles deux « petites youpines », comme disait ce parent d'élève, d'après ce qu'on nous a rapporté à Francine et à moi, trop longtemps après l'incident, hélas, pour que je puisse réagir. J'aurais volontiers laissé fondre ma colère sur l'imbécile qui proférait pareille insulte sans réfléchir. Parlerait-on sans rougir des petites négresses de la classe ? Bien sûr que non. Heureusement que non, mais il a fallu du temps pour que les mots « négresse », « négro », disparaissent du vocabulaire décomplexé des Blancs. Combien de temps encore, pour nous, les Juifs ?

L'écrivain Israël Shamir a affirmé que le Juif transporte l'antisémitisme dans sa besace. Qu'il le crée, en somme, par son comportement et ses croyances. Ses propos sont tellement virulents que les Palestiniens s'en sont emparés comme arguments dans leur résistance. Je suis loin de penser, comme Shamir, que nous sommes responsables du sentiment de rejet qui nous a amenés à subir tant de souffrances. Mais je me pose quand même des questions. Longtemps, les Juifs ne recevaient que des gens de leur propre communauté dans leur foyer. La vaisselle devenait impure si elle avait été souillée par le mélange de la viande et du lait. Maman elle-même, je m'en souviens, a brisé une assiette en mille morceaux un jour du printemps 1942. Nous n'avions rien à manger, et la seule denrée qu'elle avait pu obtenir dans le cadre du rationnement, c'était du jambon blanc... Maman ne s'est pas démontée. Elle nous a servi la viande et elle a poussé un soupir de soulagement parce que ce jour-là, au moins, son fils et ses filles ne sont pas restés le ventre creux. Mais elle n'a pas desserré les dents et elle a jeté l'assiette avec fracas.

Maman, si pieuse, n'a pas renié son amour pour ses enfants ce jour-là. Elle n'a pas non plus renié ses croyances alors qu'elle n'avait pas deux sous pour acheter de la vaisselle. Je ne peux pas m'empêcher de penser que peut-être, dans les années vingt, trente, quarante même, si les Juifs avaient été plus discrets dans l'observation de leurs coutumes... Je ne sais pas, peut-être que les mêmes horreurs auraient été commises quand même.

On nous a considérés comme des êtres inférieurs et on nous en a convaincus, les enfants au moins. Longtemps, je me suis tu parce que je restais persuadé que je faisais partie de la caste des Intouchables. Par bonheur, je n'ai pas eu non plus le réflexe inverse, celui de me considérer comme un être supérieur parce que je suis juif. Je suis devenu un homme « normal », c'est-à-dire comme les autres, qui fait de bons choix et s'en félicite, qui en fait de mauvais, les assume et les regrette. Aujourd'hui, j'ai rayé de moi toute idée de croyance en Dieu ou d'appartenance à un groupe. J'agis avec logique, peut-être pas avec une grande intelligence, mais avec bon sens. Je viens de souffler mes quatre-vingts bougies, je n'ai toujours aucune certitude, aucune réponse à donner. Mais j'ai fini de me taire.

Mon premier véritable témoignage, je l'ai donné lors d'un colloque à Orléans. Là, j'ai rencontré Simone Veil, entrée en résistance alors qu'elle n'avait que seize ans, déportée à Auschwitz avec sa mère et ses sœurs. Arrêtée tardivement, en 1944, elle n'a dû sa survie qu'à la chance : en mentant sur son âge, elle a pu être sélectionnée pour le travail. J'éprouvais de l'admiration pour cette femme, bien sûr, mais pas plus que pour n'importe quel autre résistant, juif ou non. Être assis à côté d'elle ne m'impressionnait pas. Pourtant, j'ai vite compris ce qui fait d'elle une femme à part, une grande dame. D'abord, elle m'a posé une question, discrètement, juste avant que la conférence ne commence.

— Vous racontez beaucoup votre histoire autour de vous, n'est-ce pas ?

J'étais franchement interloqué.

— Mais… Non, pas spécialement, non. Pourquoi ?

— Monsieur Weismann, vous avez un devoir de mémoire à accomplir.

Il en fallait, du charisme, pour sortir un vieux bonhomme comme moi du silence dans lequel il s'était muré pendant cinquante ans ! Venant de toute autre personne qu'elle, cette injonction aurait provoqué chez moi un rejet violent. Mais Simone Veil avait connu les mêmes souffrances que moi puisqu'elle avait perdu ses parents dans les camps. Elle avait même souffert davantage, puisqu'elle avait assisté à la mort de sa mère, épuisée et malade, alors qu'elle-même devait réunir ses forces chaque matin à l'aube pour aller charrier des pierres d'un endroit à un autre du camp… La remarque que me faisait cette femme était légitime : je devais raconter mon calvaire. Jusque-là, j'avais préféré garder le silence. Pour ne pas souffrir de revivre par la parole des moments éprouvants, sans doute, mais pas seulement : j'étais conscient, et je le suis toujours, que mon histoire ne vaut ni plus ni moins que celle des six millions de Juifs assassinés. Elle est différente, c'est tout.

Peu après avoir fait la connaissance de Simone Veil, j'ai confié mon histoire à Blanche Finger et William Karel, au tout début des années quatre-vingt-dix. Ils enquêtaient sur la rafle du Vél'd'Hiv, ils recherchaient des survivants qui puissent leur décrire les faits tels qu'ils les avaient vécus, ou tels qu'ils s'en souvenaient en tout cas. Ils ont réuni les verbatim dans un livre appelé du nom de code donné par Vichy à la rafle : *Opération vent printanier*. Mon ami Jo Kogan raconte comme moi le passage sous les barbelés, la fuite à travers les bois du Loiret, les gendarmes... Dans nos deux récits, j'ai d'ailleurs relevé quelques différences, inévitables si longtemps après les faits. Il aurait fallu tout consigner par écrit dès notre retour à Paris, en août 1942. On avait bien autre chose à faire...

Pour appuyer le lancement du livre de Finger et Karel, paru un demi-siècle après la rafle, Jean-Marie Cavada a organisé une émission spéciale à la télévision. Léa, ma petite Léa, l'a vue. Elle a bondi sur son téléphone, elle a pu joindre la production, elle a obtenu mon numéro. Nous nous sommes retrouvés avec une immense émotion. Physiquement, elle est devenue la femme que l'enfant laissait présager : petite et menue. Son caractère, en revanche, s'est nettement affirmé ! Léa est vive, bavarde, rieuse. Elle a vécu une vie incroyable, en grande partie aux États-Unis où elle travaillait au sein du cirque Barnum comme acrobate. Elle s'est mariée deux fois, mais elle n'a pas eu d'enfant, par choix dit-elle. Parce qu'elle ne voulait pas prendre le risque de mettre sur terre un petit être juif à qui l'on pourrait faire autant de misères qu'elle en avait subi... Judith, sa sœur, a fait la même carrière qu'elle. Elles ne se sont jamais quittées et elles ont même agrandi leur famille : leur mère s'était séparée de leur père peu avant la guerre, elle avait refait sa vie... et donné naissance à une troisième fille qu'elle avait pu cacher, Annie. Les parents de mes deux sœurs d'adoption, par un hasard complet, ont été déportés par le même convoi. Ils ne sont jamais revenus des camps.

Grâce à l'émission toujours, plusieurs enfants que j'avais croisés dans les différents orphelinats où j'avais séjourné se sont rappelés à moi. À Lamarck, à Rothschild, puis au château de Méhoncourt, je ne fraternisais réellement avec personne, mais j'avais des copains. Bien sûr, nous n'avions pas beaucoup de souvenirs heureux en commun.

L'instituteur en fonction dans le village de la vieille m'a invité à lui rendre visite. J'ai trouvé très intéressant de discuter avec un homme déjà adulte quand il me côtoyait, moi, enfant. Loin de répondre aux questions que je me posais, il en a soulevé d'autres : il m'a affirmé qu'il ignorait qu'il avait dans sa classe un garçon juif ! Il m'a vu arriver en 1943, sans mes parents, et il ne s'est pas demandé ce qu'ils étaient devenus. Selon lui, personne, absolument personne, dans les campagnes, ne soupçonnait quoi que ce soit du tort causé aux Juifs. Il est vrai que dans les années trente, quand a commencé l'exode des Juifs suite à l'accession de Hitler au pouvoir, peu de Polonais ou de Russes ont dû s'installer dans son village, sinon aucun. Les familles se sont fixées dans la capitale et dans les grandes villes de France pour se regrouper et s'entraider. Sans terres, sans métier parfois, incapables de parler correctement le français, comment s'en seraient-ils sortis en milieu rural ? J'aimerais penser qu'aujourd'hui, la Sarthe, mon département que j'aime tant, saurait accueillir les étrangers…

Désormais, comme me l'a conseillé Simone Veil, je témoigne, j'accomplis mon devoir de mémoire. Je vais régulièrement porter le message dans les collèges et les lycées où l'on me demande. Chaque fois, je peine à revenir sur l'arrestation elle-même, puis sur le Vél'd'Hiv, et sur le moment où j'ai été arraché à ma famille… Face aux enfants, j'essaie autant que possible de retenir mes larmes. J'en vois parfois qui perlent dans les yeux de mes auditeurs… Souvent, à l'issue de ces rencontres, ils m'écrivent, et je reçois la plus belle des récompenses. Ils me disent combien ils ont été touchés, mais surtout ce qu'ils ont compris : qu'il ne faut jamais que ça recommence. C'est le but même de ma démarche : ça ne m'apporte rien de me présenter devant eux pour les faire pleurer, et ça n'apportera rien à l'humanité. Je les encourage à réfléchir et, s'il le faut, à agir.

Les yeux des enfants, quand ils m'écoutent, m'apaisent un peu. Certaines initiatives heureuses aussi. Au printemps 2010, quelque trois millions de personnes sont allées voir *La Rafle,* le film de Rose Bosch qui relate les événements du Vél'd'Hiv et de Beaune-la-Rolande. La réalisatrice s'est en partie appuyée sur mon histoire pour écrire son film. Elle a trouvé un petit garçon adorable et convaincant, Hugo Leverdez, pour jouer mon rôle. J'ai aussi participé au tournage. Quand je suis entré dans le Vélodrome reconstitué, une odeur putride m'a pris à la gorge. Je suis ressorti aussitôt, j'ai interrogé ma fille, Isabelle, qui m'accompagnait :

– Qu'est-ce que ça pue ici ! Comment est-ce possible ?

Elle m'a regardé avec des yeux ronds.

– Mais papa, je t'assure... Il n'y a aucune odeur.

Projeté dans ce sinistre décor que j'avais connu soixante-six ans plus tôt, j'ai fait remonter du fond de ma mémoire la puanteur insoutenable qui régnait dans le Vélodrome...

À la projection du film, en avant-première, je n'ai rien vu. J'ai tout revécu, de l'intérieur, et j'étais absolument incapable de dire à Rose les mots qu'elle souhaitait entendre : qu'elle avait bien fait son travail. Oui, elle l'a bien fait. Elle a montré la haine, l'inconscience et la bêtise dans les yeux des fonctionnaires de l'État qui ont organisé la rafle. Elle a montré, surtout, les souffrances intolérables subies par les 12 884 personnes arrêtées à Paris et en proche banlieue les 16 et 17 juillet 1942. 12 884, c'est le chiffre officiel, définitif, incontestable. Il s'agissait de 3 031 hommes, 5 802 femmes et 4 051 enfants. Dont mes sœurs. Dont moi.

Dont moi qui ai eu de la chance, au bout du compte, puisque j'ai vécu. À la fin du film, le petit Joseph se fait la belle, avec beaucoup plus de facilité que Jo Kogan et Joseph Weismann dans la réalité, mais qu'importe : il s'échappe, et tout peut désormais lui arriver… Après la sortie de *La Rafle* au cinéma, des dizaines et des dizaines de personnes, m'ayant reconnu pour m'avoir vu à la télévision ou dans la presse dans le cadre de la promotion du film, m'ont interrogé sur ce point. Tous m'ont demandé :
— Alors ? Et après ?

Voilà la réponse. Après, j'ai été aimé ou rejeté. Après, j'ai pleuré souvent, mais j'ai cherché le bonheur dans le moindre recoin où il pouvait se cacher, et j'ai su le dénicher. Et je me suis imposé une nouvelle épreuve, celle de tout raconter, ici, celle d'accomplir, une nouvelle fois, mon devoir de mémoire. Je le devais à mes parents, à mes deux sœurs, je le devais à Jo, je le devais aux soixante-quinze mille Français et aux quelque six millions de victimes de la barbarie nazie dans le monde. Alors voilà. C'est l'histoire d'un petit garçon qui grandit à Paris dans sa famille d'origine polonaise. Il vit chichement, mais il reçoit beaucoup d'amour, tous les jours, puis il va à l'école, il a des copains, il ne se pose pas beaucoup de questions. Il est heureux, en somme, jusqu'à ce que…

Je reste conscient qu'un livre est bien peu de chose. Mais mes petits-enfants adorés liront ce livre, ils en parleront à leurs camarades, qui à leur tour, au sein de leur famille, peut-être, s'y intéresseront. De même que j'ai renoncé à comprendre comment et pourquoi une telle horreur a pu avoir lieu, ils renonceront sans doute à leur tour. Mais après avoir entendu ma voix et toutes celles qui se sont élevées, comme la mienne, ils sauront. Et ainsi, toute leur vie, ils *veilleront* à ce que l'Histoire ne se renouvelle pas. En tout cas, c'est ce que j'espère.

– TABLE DES MATIÈRES –

1 – Automne 1940 9
2 – L'étoile 27
3 – 16 juillet 1942 37
4 – Beaune-la-Rolande 61
5 – L'évasion 77
6 – Errance parisienne 107
7 – Trois misérables 135
8 – Les Américains 155
9 – Le château de Méhoncourt 173
10 – Devenir français 205
11 – Dans mes meubles 227
12 – Retour vers le passé 239
13 – Trouver sa place 267

Épilogue : témoigner 289

Direction littéraire
Huguette Maure

Composition PCA
44400 – Rezé

Imprimé en Espagne
Dépôt légal : septembre 2011
N° d'impression : 01
ISBN : 978-2-7499-1488-6
LAF 1389